21世纪全国高等学校物业管理专业应用型人才培养系列规划教材

# 物业智能化管理

（第二版）

◎ 主　编：黄　峥　陈援峰

◎ 副主编：李　阳　熊学忠

◎ 编　者：（以姓氏笔画为序）

　　　　　杨　志　张　虹　肖燕武

　　　　　屈睿瑰　郭继华　傅余萍

Property Intelligent Management

中国·武汉

# 21世纪全国高等学校物业管理专业应用型人才培养系列规划教材

## 编 委 会

**主　编：** 高炳华　张晓华

**副主编：** 蒋贵国　黄安心　胡运金　胡　彦

**编　委：**（以姓氏笔画为序）

朱　权　　吕宏德　　何　伟　　李述容　　吴建华

张艳敏　　陈淑云　　陈援峰　　杨　志　　屈睿瑰

袁永华　　巢来春　　章晓霞　　黄　铮　　熊学忠

黎洁梅　　魏晓安

## 内 容 提 要

本书是 21 世纪全国高等学校物业管理专业应用型人才培养系列规划教材之一。书中全面系统地介绍了物业智能化技术，包括物业智能化管理基础、建筑设备监控系统、火灾自动报警及消防联动系统、安全防范系统、信息网络系统、通信网络系统、办公自动化系统、综合布线系统、智能化小区与智能化家居等新技术，内容通俗易懂，便于读者理解。

本书取材新颖，内容丰富，实用性强，既可作为高职高专、应用型本科院校物业管理专业教材，又可供从事相关行业（如房地产业和智能建筑工程设计、施工、运行、管理）的人员阅读，并可作为物业管理人员的培训教材。

随着房地产业的快速发展和住宅消费观念的不断更新，人们对物业管理的要求越来越高，期望值越来越大。然而，我国物业管理无论是理论建设还是实践探索，都远远滞后于城市的建设与发展。特别是在实际运作中，由于现代新型建筑材料的应用，环保建筑、生态建筑、信息建筑、智能建筑的产生，更在发展水平上拉开了现代城市建筑与物业管理的差距。如何规范物业管理市场，规范物业管理运作程序，力求物业管理观念创新、经营创新和管理创新，使物业管理市场化、规模化、专业化、信息化、规范化和科学化，这已经成为业内同仁和社会有识之士的共识。

物业管理作为一种新兴服务行业，目前尚未建立起完善的行业管理标准和从业人员行为规范，从业人员素质良莠不齐。一些物业管理公司忽视从业人员的职业教育，使得物业管理的服务观念不强，管理水平不高，服务质量不好，甚至摆不正服务与被服务的关系，使产权人、使用人的应有地位得不到尊重，利益得不到保障，其严重制约着我国物业管理行业的健康发展。同时，物业管理又是一个劳动密集型行业，可以吸纳大量的劳动力就业，但是，从事物业管理的人员必须是懂管理、会经营、精通技术的专业人才。因此，开展致力于物业管理专业教育和物业管理从业人员的技能培训工作是十分必要的。华中科技大学出版社推出的"21世纪全国高等学校物业管理专业应用型人才培养系列规划教材"，无疑为物业管理专业教育和物业管理从业人员技能培训工作的实施发挥了积极的推动作用。

华中师范大学、广州市广播电视大学、四川师范大学、广西大学、广州大学、湖北经济学院、广州城市职业学院、广东白云学院、武汉职业技术学院、湖北三峡职业技术学院、浙江育英职业技术学院等主编院校组织有关学者和专家，编写了"21世纪全国高等学校物业管理专业应用型人才培养系列规划教材"。该系列教材包括：《物业管理法规》《物业管理概论》《物业管理实务》《房地产估价》《房地产开发经营》《物业管理企业财务会计》《建筑识图与房屋构造》《房屋维修技术与预算》《物业设备管理》和《物业智能化管理》。由于物业管理学科和专业发展很快，为不断跟上其发展的步伐，在相关课程教材中反映出最新的教学改革前沿信息，本套教材不断进行修订改版工作，同时提供赠送教学课件等增值服务。在对各门课程的基本理论、基本知识、基本方法和基本技能进行深入浅出阐述的基础上，本套教材力求全面系统、理论与实际相结合，体现了较强的实用性和可操作性特点。

**21世纪全国高等学校物业管理专业应用型人才培养系列规划教材编写组**
**2013年1月**

# 目 录
## CONTENTS

第一章　物业智能化管理基础 …………………………………… 1
　第一节　数字家园的技术含义和社会意义 …………………… 1
　第二节　数字地球、数字城市、数字社区及智能建筑的概念 …… 4
　第三节　物业智能化管理的概念 ……………………………… 13
　本章综合思考题 ………………………………………………… 19

第二章　建筑设备监控系统 ……………………………………… 20
　第一节　建筑设备监控系统概述 ……………………………… 20
　第二节　供配电及电源监控系统 ……………………………… 23
　第三节　照明监控系统 ………………………………………… 24
　第四节　暖通空调监控系统 …………………………………… 25
　第五节　给排水监控系统 ……………………………………… 30
　第六节　电梯监控系统 ………………………………………… 33
　本章综合思考题 ………………………………………………… 36

第三章　火灾自动报警及消防联动系统 ………………………… 37
　第一节　概述 …………………………………………………… 37
　第二节　火灾自动报警系统 …………………………………… 39
　第三节　火灾探测器 …………………………………………… 43
　第四节　火灾报警控制器 ……………………………………… 45
　第五节　消防联动控制系统 …………………………………… 48
　本章综合思考题 ………………………………………………… 52

第四章　安全防范系统 …………………………………………… 53
　第一节　安全防范系统概述 …………………………………… 53
　第二节　出入口(门禁)控制系统 ……………………………… 55
　第三节　防盗报警系统 ………………………………………… 59
　第四节　闭路电视监控系统 …………………………………… 63
　第五节　电子巡更系统 ………………………………………… 66

第六节　停车场自动管理系统 ………………………………………… 68
　　本章综合思考题 …………………………………………………………… 71

第五章　信息网络系统 …………………………………………………………… 72
　　第一节　信息网络系统概述 ……………………………………………… 72
　　第二节　计算机网络 ……………………………………………………… 73
　　第三节　网络设备 ………………………………………………………… 80
　　第四节　数据库 …………………………………………………………… 82
　　本章综合思考题 …………………………………………………………… 84

第六章　通信网络系统 …………………………………………………………… 85
　　第一节　通信网络系统概述 ……………………………………………… 85
　　第二节　智能建筑通信网络系统 ………………………………………… 93
　　第三节　程控数字交换机的功能 ………………………………………… 95
　　第四节　电缆电视系统 …………………………………………………… 97
　　第五节　有线广播系统 …………………………………………………… 98
　　第六节　IP 电话 ………………………………………………………… 100
　　本章综合思考题 ………………………………………………………… 102

第七章　办公自动化系统 ……………………………………………………… 103
　　第一节　办公自动化系统 ……………………………………………… 103
　　第二节　物业管理信息系统 …………………………………………… 106
　　第三节　物业管理信息系统设计实例 ………………………………… 110
　　第四节　物业管理信息系统应用 ……………………………………… 115
　　本章综合思考题 ………………………………………………………… 123

第八章　综合布线系统 ………………………………………………………… 125
　　第一节　综合布线系统概述 …………………………………………… 125
　　第二节　综合布线系统设计 …………………………………………… 128
　　第三节　综合布线系统的电气保护与接地设计 ……………………… 151
　　本章综合思考题 ………………………………………………………… 158

第九章　智能住宅小区与智能家居 …………………………………………… 160
　　第一节　智能住宅小区概述 …………………………………………… 160
　　第二节　智能小区安全防范系统 ……………………………………… 165
　　第三节　智能小区设施综合管理系统 ………………………………… 171
　　第四节　智能家居 ……………………………………………………… 173

第五节　停车场自动管理 …………………………………… 176
　　第六节　智能小区电子化信息服务 ………………………… 177
　　第七节　物业管理计算机信息系统 ………………………… 181
　　本章综合思考题 ……………………………………………… 184
**主要参考文献** …………………………………………………… 185
**后记** ……………………………………………………………… 186

# 第一章

# 物业智能化管理基础

**本章学习要点**

- 了解智能建筑、智能小区、数字社区、数字城市和数字地球的基本含义
- 了解物业智能化管理的相关概念和内容

随着计算机技术的普及与信息产业的飞速发展,住宅小区数字化已成为现代建筑与物业管理的发展趋势。如果说位置、环境、价格、户型、配套物业管理等构成人们评判一个项目优劣的指标,那么,"数字化"则是人们追求更高层次生活品位的方向。

## 第一节 数字家园的技术含义和社会意义

"数字社区"作为新技术和新理念,在国外已被普遍运用于建筑和物业管理行业,而我国则正处于发展初期。在中国发展数字化住宅社区已经不再是梦想,2000年以来,全国各地多次召开"数字化城市研讨会",许多大城市已提出若干年内实现数字化城市和信息港等建设目标,诸多中小城市也提出建设数字化城市的目标,目前已有数十个省份在规划建设数字化示范社区。由此可见,中国的智能建筑将形成"井喷"之势,这也是信息时代建筑业发展的必然趋势。

### 一、数字家园的技术含义

数字家园是由智能化物业系统(intelligent building system,简称 IBS)和物业管理信息系统(management information systems,简称 MIS)共同构成的住宅小区。其中,智能化物业是指以计算机技术运用为核心,将包括通信技术、电子技术在内的信息技术与现代建筑技术相结合,在建筑物中嵌入各种自动化控制系统,多方位提供自动化应用功能的物业。北京的发展大厦被认为是中国的第一座智能大厦。另外,

我国还相继建成了一批准智能大厦,如深圳地王大厦、上海证券大厦等。

**1. 智能化物业系统**

现阶段,智能化物业系统包括以下几种。

(1) 楼宇自动化系统(building automation system,简称 BA 系统)。楼宇自动化,其实质就是建筑各种配套设施和设备的自动化,它是智能物业中最基本的功能。

(2) 通信自动化系统(communication automation system,简称 CA 系统)。通信自动化系统将物业内各种不同的信息处理系统连接于一体,达到自由交换信息的目的,并能与国际信息网络连接,组成一个高速的通信系统。

(3) 办公自动化系统(office automation system,简称 OA 系统)。办公自动化系统利用信息技术将各种办公设备连接于一体,把文字、数据、图像、语言和信息处理功能组合于一个系统之中,达到提高办公效率和办公质量的目的。

(4) 保安自动化系统(security automation system,简称 SA 系统)。保安自动化系统利用信息技术对整个物业进行安全性布防,是物业内保障人身和财产安全最重要的系统。它配合使用微波、红外检测设备,确保对各重要部位人员的进出进行监视,形成一个综合的保安监控网络,与其他自动化系统交换信息。出现突发事件时,保安自动化系统能及时报警、接警及记录事件情况,并能对所处理事件作出准确的指引。

(5) 消防自动化系统(fire automation system,简称 FA 系统)。消防自动化系统是一种自动报警及联动系统。当出现异常情况时,自动控制消防系统能及时报警和接警;发生火警时,能自动启动灭火设备,及时扑灭火灾。

(6) 管理自动化系统(management automation system,简称 MA 系统)。管理自动化系统将各种自成体系的自动化系统通过计算机统一管理起来,大量减少人工操作,达到全面自动化,最终实现信息共享和系统联动,保证物业智能化的整体性。

物业管理智能化的主要技术包括:通信技术与结构化布线技术、计算机网络技术、多媒体系统技术。

**2. 物业管理信息系统**

物业管理信息系统的物理构成包括以下几个部分。

(1) 物业概况管理系统。物业概况管理系统以图文并茂的形式综合介绍物业的规划、配套和管理规程等。

(2) 房产管理系统。房产管理系统对楼宇、单位、车位等原始物业资源进行全面的管理。

(3) 业户管理系统。业户管理系统对业户的档案、变更状况、投诉、维修和装修等事项进行管理。

（4）财务管理系统。财务管理系统以各种方法完成用户的收费业务，对收费结果、拖欠情况进行统计，保存所有个人缴费历史。

（5）治安管理系统。治安管理系统对治安人员和治安排班等事宜进行管理，实现对日常治安事件的监控。

（6）保洁管理系统。保洁管理系统对保洁人员及日常保洁排班等事项进行管理。

（7）设备管理系统。设备管理系统对设备档案、维修保养计划、日常保养安排及出勤情况进行管理。

（8）绿化管理系统。绿化管理系统对各种绿化植被、绿化带、绿化工程进行管理。

（9）办公管理系统。办公管理系统对物业管理公司自身的人事、文件、财产等事项进行管理。

## 二、数字家园的社会意义

随着全球信息化进程的加快，人类社会正逐步步入以智力资源为首要依托的智能型社会。不论从城市现代化建设的必然要求出发，还是从提高城市居民生活质量的需求出发，在我国加强数字家园建设，已成为城市信息化建设不可或缺的重要组成部分，其社会意义体现在以下几个方面。

（1）有利于物业管理基础工作走向科学化。实现物业管理智能化，可以使管理信息得到有效的集中，大大减少数据的冗余，确保数据的准确性和及时性，使信息在物业管理中得以发挥其威力。

（2）有利于物业管理水平和效率不断提高。在传统管理条件下，物业管理服务、经营过程中，信息流的反馈总是相对滞后，这种现象在财务管理中尤为突出。通过管理的智能化，信息的处理和传递得以及时完成，使管理工作可以做到事前控制，从而提高企业的管理水平和效率。

（3）有利于节省土地，便于加强城市规划和管理。

（4）使城市发展更能体现"人本"特征。数字化住宅可以为百姓提供舒适、便利、安全等多种生活享受。在人、住宅、环境、自然四维空间中，数字化住宅就是要力争创造出最和谐、最适合人类居住的"生活人居"，使百姓的需求真正得到最大限度的满足。

（5）有利于房地产业的健康发展。实现住宅产业现代化，发展数字化住宅，将会淘汰掉一批规模小、素质差、实力弱的小公司和依靠投机发财的企业，经营不善、严重亏损的房地产开发公司也将被排挤出局。

## 第二节 数字地球、数字城市、数字社区及智能建筑的概念

### 一、数字地球

#### (一)数字地球的概念

数字地球,通俗地讲,就是将地球、地球上的活动及整个地球环境的时空变化数据装入电脑中,实现在网络上的流通,并使之最大限度地为人类的生存、可持续发展和日常的工作、学习、生活、娱乐服务。

数字地球的提出是全球信息化的必然产物,它是一项长期的战略目标,需要经过全人类的共同努力才能实现。同时,数字地球的建设与发展将加快全球信息化的步伐,在很大程度上改变人们的生活方式,并创造出巨大的社会财富,为人类社会的发展作出巨大贡献。

#### (二)数字地球的技术基础

数字地球的实现需要诸多学科,特别是信息科学技术的支撑。其中主要包括:信息高速公路和计算机宽带高速网络、空间信息技术与空间数据基础设施、大容量数据存储及元数据、科学计算以及可视化和虚拟现实技术。

**1. 信息高速公路和计算机宽带高速网络**

一个数字地球所需要的数据已不能通过单一的数据库来存储,而需要由成千上万的不同组织来维护。这意味着参与数字地球的服务器将需要由高速网络来连接。

20世纪,在卫星遥感问世的20多年里,遥感卫星影像的分辨率已经有了飞快的提高,这里所说的分辨率指空间分辨率、光谱分辨率和时间分辨率。空间分辨率指影像上所能看到的地面最小目标尺寸,用像元在地面的大小来表示。光谱分辨率指成像的波段范围,分得愈细,波段愈多,光谱分辨率就愈高。时间分辨率指重访周期的长短。

高分辨率卫星遥感图像在21世纪可以优于1米的空间分辨率,每隔3~5天为人类提供反映地表动态变化的翔实数据,从而实现"秀才不出门,能观天下事"的理想。

**2. 空间信息技术与空间数据基础设施**

空间信息是指与空间和地理分布有关的信息。空间信息用于地球研究即为地理信息系统。

人们在处理、发布和查询信息时,会发现大量信息都与地理空间位置有关。例如查询两城市之间的交通连接,查询旅游景点和路线,购房时选择价廉而又环境适宜的住宅等都需要有地理空间信息作参考。因此,国家空间数据基础设施是数字地球的基础。

空间数据共享机制是使数字地球能够运转的关键之一。只有共享才能发展,共享推动信息化,信息化进一步推动共享。政府与民间的联合共建是实现共享原则的基本条件。在我国,要遵循这一规律就必然要求打破部门之间和地区之间的界限,统一标准,联合行动,相互协调,互谅互让,分工合作,发挥整体优势。只有大联合才能形成规模经济的优势,才能在国际信息市场的激烈竞争中争取主动。

**3. 大容量数据存储及元数据**

要建立起中国的数字地球,仅仅影像数据就有53TB(万亿字节),这还只是一个时刻的,若是多时相的动态数据,其容量会更大。

此外,为了在海量数据中迅速找到所需数据,元数据(metadata)库的建设是非常必要的。元数据是关于数据的数据,通过它可以了解有关数据的名称、位置、属性等信息,从而大大减少用户查找所需数据的时间。

**4. 科学计算**

地球是一个复杂的巨系统,地球上发生的许多事件,其变化和过程又十分复杂而呈非线性特征,时间和空间的跨度变化大小不等,差别很大,只有利用高速计算机,才有能力模拟一些不能观测到的现象。利用数据挖掘(data mining)技术,我们能够更好地认识和分析所观测到的海量数据,从中找出规律和知识。科学计算将使我们突破实验和理论科学的限制,建模和模拟可以使我们更加深入地探索所收集到的有关我们星球的数据。

**5. 可视化和虚拟现实技术**

可视化是实现数字地球与人交互的窗口和工具,没有可视化技术,计算机中的一堆数字就无任何意义。

数字地球的一个显著的技术特点是虚拟现实技术。建立了数字地球以后,用户戴上显示头盔,就可以看见地球从太空中出现,使用"用户界面"的开窗放大数字图像;随着分辨率的不断提高,用户可以看见大陆,然后是乡村、城市,最后是私人住房、商店、树木以及其他天然和人造景观;当用户对商品感兴趣时,可以进入商店,欣赏商场内的衣服,并可根据自己的体型,构造虚拟情境,自己试穿衣服。

虚拟现实技术为人类观察自然、欣赏景观、了解实体提供了身临其境的感觉。最近几年,虚拟现实技术发展很快。实际上,人造虚拟现实技术在摄影测量中早已是成熟的技术,近几年的数字摄影测量的发展,已经能够在计算机上建立可供测量的数字虚拟技术。当然,当前的技术是对同一实体拍摄照片,让人产生视差,构造立体模型,通常是当模型处理。其进一步的发展是对整个地球进行无缝拼接,任意漫游和放大,通过人造视差的方法,由三维数据构造虚拟立体空间。

(三)数字地球中的"3S"技术

数字地球的核心是地球空间信息科学的技术体系,其中最基本的技术核心是"3S"技术及其集成。所谓"3S"是全球定位系统(GPS)、遥感(RS)和地理信息系统(GIS)的统称。没有"3S"技术的发展,现实变化中的地球是不可能以数字的方式进入计算机网络系统的。

**1. 全球定位技术**

全球定位技术作为一种全新的现代定位方法,已逐渐在越来越多的领域取代了常规光学和电子仪器。20世纪80年代以来,尤其是90年代以来,GPS和导航技术、现代通信技术相结合,在空间定位技术方面引起了革命性的变化。用GPS同时测定三维坐标的方法,将测绘定位技术从陆地和近海扩展到整个海洋和外层空间,从静态扩展到动态,从单点定位扩展到局部与广域差分,从事后处理扩展到实时(准实时)定位与导航,绝对和相对精度扩展到米级、厘米级乃至亚毫米级,从而大大拓宽了它的应用范围和在各行各业中的作用。

**2. 遥感技术**

当代遥感的发展主要表现在它的多传感器技术、高分辨率和多时相特征。

(1)多传感器技术。当代遥感技术已能全面覆盖大气窗口的所有部分。光学遥感可包含可见光、近红外和短波红外区域。

(2)遥感的高分辨率特点,全面体现在空间分辨率、光谱分辨率和温度分辨率三个方面。

(3)遥感的多时相特征。随着小卫星群计划的推行,可以用多颗小卫星,实现每2~3天对地表重复一次采样,获得高分辨率成像光谱仪数据;多波段、多极化方式的雷达卫星,将能解决阴雨多雾情况下的全天候和全天时对地观测;卫星遥感与机载、车载遥感技术的有机结合,是获取多时相遥感数据的有力保证。

**3. 地理信息系统技术**

随着"数字地球"这一概念的提出和人们对它的认识的不断加深,从二维向多维动态以及网络方向发展,是地理信息系统发展的主要方向,也是地理信息系统理论发展和资源、环境、城市等诸多领域的迫切需要。

(四)"3S"集成技术

"3S"集成是指将上述三种对地观测新技术及其他相关技术有机集成在一起。

这里所说的集成,是英文"integration"的中译文,是指一种有机的结合,即在线的连接、实时的处理和系统的整体性。GPS、RS、GIS集成的方式可以在不同技术水平上实现。"3S"集成包括空基"3S"集成与地基"3S"集成。

空基"3S"集成即用空-地定位模式实现直接对地观测,主要目的是在无地面控制点(或有少量地面控制点)的情况下,实现航空航天遥感信息的直接对地定位、侦察、制导、测量等。

地基"3S"集成即车载、舰载定位导航和对地面目标的定位、跟踪、测量等实时作业。

就我国而言,在城市发展过程中,城市管理、监测和规划具有关键性的意义。因此,我国在实施"数字地球"战略时,城市是主要的切入点之一,必须关注"数字城市"。基于高分辨率正射影像、城市地理信息系统、建筑CAD(计算机辅助设计),可建立虚拟城市和数字化城市,从而实现真正三维和多时相的城市漫游、查询分析和可视化。数字地球服务于城市规划、市政管理、城市环境、城市通信与交通、公安消防、保险与银行、旅游与娱乐等,促进城市的可持续发展,提高市民的生活质量。

## 二、数字城市与数字社区

### (一) 数字城市与数字社区的概念

数字城市(digital city)是数字地球的一个组成部分,它以计算机技术、多媒体技术和大规模存储技术为基础,以宽带网络为纽带,运用遥感、全球定位系统、地理信息系统、遥测、仿真-虚拟等技术,对城市进行多分辨率、多尺度、多时空和多种类的三维描述,即利用信息技术手段把城市的过去、现状和未来的全部内容在网络上进行数字化虚拟实现。

数字城市是指一个由数字技术支撑的信息化的城市,是指数字技术、信息技术、网络技术渗透到城市生活的各个方面,它应该能够自动和非自动地获取与城市有关的海量数据,并从中挖掘出有价值的信息,为城市规划、建设、管理和可持续发展提供决策支持和具有数字实验室特性的技术系统,是一种虚拟城市模型。

数字社区是数字城市的基本组成单元,是数字城市建设基本内容的一部分。它的建设目标是在未来数字化信息社会里,实现人类共同的"无距离、无时差"的信息资源共享,同时实现住宅的智能化功能服务和管理。也可以认为"数字社区"与整个"数字地球"、"数字城市"连在一起,是它们的一部分,并具有更深的含义。而"数字城市群"是一个由数字技术支撑的信息化的城市群。

## (二)数字城市关键技术

**1. 地理信息系统**

地理信息系统是指在计算机软硬件支持下,对空间信息进行输入、存储、查询、运算、分析和表达的技术系统。地理信息系统是数字城市的主要支撑,一方面它给传统信息系统引入了空间概念,使之更生动直观和易于理解;另一方面,它作为高效的空间数据处理工具使得大范围甚至全球性的空间研究成为可能。

**2. 遥感技术**

遥感就是在与目标不直接接触的情况下,利用电磁波等判定、测量并分析目标的技术。遥感可以为数字城市提供全天候、全时域、全空间和定量化的数据。

**3. 全球定位系统**

全球定位系统泛指利用卫星技术,实时提供全球地理坐标的系统,它可以为数字城市提供全天候、连续、实时、高精度的三维位置、三维速度以及时间数据。

**4. 数字摄影测量技术**

数字摄影测量技术是基于摄影测量的基本原理,并应用计算机技术、数字影像处理、计算机视觉、模式识别等多学科的理论与方法,从遥感影像提取测量对象的数字化几何与物理信息的技术。利用计算机及相应软件,则可以进行自动化空中三维测量和制图,实现从数字影像自动重建空间物体的三维表面。

**5. 三维景观虚拟现实技术**

三维景观虚拟现实技术是指利用地表信息重建三维地表景观,并实现实时动态显示的技术,其基础数据是数字遥感影像和数字地面高程模型。将数字地面高程模型作为几何数据,地表影像作为纹理数据,通过数据预处理、参数设置、纹理映射、投影变换和视口变换等就可以构造出地形表面的三维景观模拟图。

**6. 专家系统和决策支持系统**

专家系统是人工智能应用领域的重要分支,它是一种以知识为基础的计算机程序,能够广泛地应用专门知识、经验进行推理和判断,模拟人类专家作决定的过程,来解决特定领域中复杂的实际问题。决策支持系统则是一个以计算机为基础的人机交互信息处理系统,它能够结合利用各种数据、信息知识,特别是模型技术,辅助各级决策者解决半结构化或非结构化决策问题。专家系统和决策支持系统可用于数字城市的决策过程。

**7. 数据库技术和网络技术**

元数据库、图像数据库、多媒体数据库、超媒体数据库和面向对象数据库技术便于地理信息系统的海量图像数据的解释、分析、识别和检索。网络技术特别是宽带网络促使互联网络地理信息系统应运而生。

## (三) 数字社区

数字城市是一个庞大的系统工程，它是城市发展和社会信息化的必然趋势，也是城市发展的新的经济增长点。数字城市的广泛应用，对城市的繁荣稳定及可持续发展都有着巨大的促进和推动作用。数字城市的功能由各种核心应用系统所组成，如城市规划地理信息系统、城市空间基础地理信息系统、房产管理信息系统、城市综合管网管理系统、电子政务系统、市民服务信息系统、城市交通管理信息系统、城市防灾减灾应急指挥决策辅助系统等。而社区正是这些应用系统所服务的城市基础区域。因此，数字社区应当是数字城市的基本组成单元区域，以数字化、智能化手段实现规划、建设、管理与服务等基本应用的地理区域。

数字化社区，就是通过数字化信息将管理、服务的提供者与每个住户实现有机连接的社区。这种数字化的网络系统，可以使社会化信息提供者、社区的管理者与住户之间实时地进行各种形式的信息交互，由于现代网络浏览器的先进性以及多态的表现性，加上各种网络多媒体技术的应用，从而营造出一个丰富多彩的虚拟社区。

而智能家居是全面建设小康社会的重要体现，也是数字社区的"末梢"。家庭宽带的接入能为企业进入社区提供条件，提高家庭宽带的接入率，可让更多的居民享受高速、丰富的网络服务，从而提高生活质量。

## (四) 数字城市的内容

数字城市的内容包括数字化、网络化、智能化与可视化等几个方面。

**1. 城市设施的数字化**

在统一的标准与规范基础上，可实现设施的数字化，这些设施包括以下内容。①城市基础设施：建筑设施、管线设施、环境设施。②交通设施：地面交通、地下交通、空中交通。③金融业：银行、保险、交易所。④文教卫生：教育、科研、医疗卫生、博物馆、科技馆、运动场、体育馆、名胜古迹。⑤安全保卫：消防、公安、环保。⑥政府管理：各级政府、海关税务、户籍管理与房地产。⑦城市规划与管理：背景数据（地质、地貌、气象、水文及自然灾害等）、城市监测、城市规划。

**2. 城市网络化**

三网——电话网、有线电视网与互联网——实现互联互通；通过网络将分散的分布式数据库、信息系统连接起来，建立互操作平台，建立数据仓库与交换中心、数据处理平台、数据共享平台，通过方正与虚拟技术，实现多种数据的融合与立体表达。

**3. 城市的智能化**

城市智能化包括以下方面。①电子商务：网上贸易、虚拟商场、网上市场管理。②电子金融：网上银行、网上股市、网上期货、网上保险。③网上教育：虚拟教室、虚拟试验、虚拟图书馆。④网上医院：网上健康咨询、网上会诊、网上护理。⑤网上政务:网上会议等。另外,虚拟的城市规划、城市生态建设或改造虚拟实验等,也属于城市智能化的内容。它们不仅可以提高城市规划或城市生态建设的科学性,同时还能缩短设计时间。

**4. 城市的空间数据的可视化**

数字城市的基础之一是地理空间数据,这就为空间数据的可视化提供了一个展示丰富多彩的现实世界的机会。数字城市的空间数据包括二维数据和三维数据。二维数据的可视化问题已基本解决,三维数据的可视化或者虚拟现实技术也已经取得突破性的进展,相信在不久的将来将进入实用阶段。

(五)数字城市的应用

数字城市的广泛应用,对城市的繁荣稳定及可持续发展都有着巨大的促进和推动作用。主要表现在以下方面:①城市交通的智能管理与控制;②城市资源的监测与可持续利用;③城市灾害的防治;④城市环境治理与保护;⑤城市通信的建设与管理;⑥城市人口、经济、环境的可持续发展决策制定;⑦城市生活的网络化和智能化。

总而言之,从数字家庭到数字大厦,到数字社区、数字城市、数字国家,并不是科学幻想,而是活生生的现实,是未来的人类社会的发展模式和人类的生存方式。

## 三、智能建筑

(一)智能建筑的概念

智能建筑(intelligent buildings)的概念于 20 世纪末诞生于美国。第一幢智能大厦于 1984 年在美国哈特福德市建成。中国于 20 世纪 90 年代才起步,但其迅猛发展势头令世人瞩目。智能建筑,目前主要指的是智能大厦、智能化住宅与小区,以及智能化管理控制的工厂、公共建筑等。修订版的国家标准《智能建筑设计标准》(GB/T50314—2006)将智能建筑定义为"以建筑物为平台,兼备信息设施系统、信息化应用系统、建筑设备管理系统、公共安全系统等,集结构、系统、服务、管理及其优化组合为一体,向人们提供安全、高效、便捷、节能、环保、健康的建筑环境"。

智能建筑是计算机和信息处理技术与建筑艺术相结合的产物。近年来,将前述 BA 系统、OA 系统、CA 系统、FA 系统和 SA 系统一起称作 5A 系统的提法更普遍,本书也采用这种划分系统的方法。广泛应用系统集成方法,通过对设备的自动监控,对信息资源的综合管理和对用户的信息服务并与建筑的优化组合,具有安全、高效、舒适、节能和便利等特点,成为现代建筑的发展趋势。

## （二）智能建筑的组成

从本质上看，智能建筑是以现代计算机技术、现代通信技术、现代控制技术和现代图形显示技术等高新技术为基础，以现代建筑为载体的各种功能系统的集成。智能建筑的硬件包括建筑物本身，还包括各种机电设备、控制设备、通信和网络系统的传输设备和媒体，以及由此而开发的各种管理系统，包括楼宇设备的自动监控系统、办公自动化系统和数据传输通信服务系统等，从而实现服务系统化。智能建筑的软件由系统软件和应用软件两部分组成。系统软件是指一般的操作系统及语言处理软件；应用软件则是根据各种系统的管理功能和范围而建立的。不管是系统软件还是应用软件，它们的信息工程建筑的特点，可归结为综合信息工程开发的一种类型。

智能建筑系统的组成按其基本功能可分为三大块：BA 系统、OA 系统和 CA 系统，即 3A 系统。智能建筑不是多种带有智能特征的系统产品的简单堆积或集合。智能建筑的核心是系统集成（system integrated，简称 SI）。BA 系统、OA 系统、CA 系统所属的各子系统是运行实体的功能模块。其中，BA 系统的功能是调节、控制建筑内的各种设施，自动监测并处理停水、停电、供水、供电等设施的使用、管理和调节，从而保障工作或居住环境，使其既有安全措施，又起到节能的作用。CA 系统的功能是在保证建筑物内各种信息传送的基础上，同时与外部进行连接和沟通。CA 系统主要由程控用户交换机（private automatic branch exchange，简称 PABX）网和有线电视网两大网构成。OA 系统由办公设备自动化系统和物业管理系统构成。办公自动化系统主要依靠计算机设备系统进行资料处理、辅助决策等。物业管理系统不仅包括传统的物业管理内容，也增加了新的管理内容。

根据国家标准，一般认为智能建筑由系统集成中心（system integrated center，简称 SIC）、综合布线系统（premises distribution system，简称 PDS）和"3A"系统五部分组成。具体见图 1-1。

## （三）智能建筑的技术基础

智能建筑建立在建筑科学、行为科学、信息科学、环境科学、美学、社会工程学和系统工程学等多种学科相互渗透的基础上。"A+4C"是智能建筑的技术基础。"A"即现代建筑（architecture）技术。下面分别介绍"4C"的含义。

（1）现代计算机技术，其核心是并行的分布式计算机网络技术。并行使得同时处理多种数据成为可能；通过分布式操作系统，可以使不同系统分别处理不同事件，实现任务和负载的分担，有助于多机合作重构，减少冗余和提高容错能力，用较低的成本实现更高性能、更高可靠性的系统；网络把整个系统连成一个有机的整体，实现信息、资源的共享。

（2）现代控制技术，主要指集散型的监控系统（distribution control system，简称

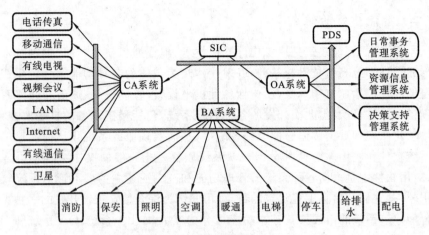

图 1-1 智能建筑的组成

DCS)。硬件采用标准化、模块化、系列化的设计;软件采用具有实时多任务、多用户分布式操作系统(可能是嵌入式);系统具有配置灵活、通用性强、控制功能完善、数据处理方便、显示操作集中、人机界面友好、安装调试方便、维护简单、实时性强、可靠性高等特点。

(3) 现代通信技术,通过无线、有线通信技术,实现数据、语音、视频的快速传递。

(4) 现代图像显示技术,能在计算机上快速实现开关量、模拟量的形象化显示,通过 CRT(阴极射线管)图像化显示实时参数,实现临场感很强的实时控制。

(四) 智能建筑的发展前景

**1. 智能建筑是现代高科技技术的结晶**

智能化赋予了建筑物更强的生命力,提高了其使用价值。随着信息化社会进程的发展,智能建筑中所包含的智能化和自动化的水平将进一步提高。智能建筑的发展将追求以下目标。

(1) 提供安全、舒适、快捷、高效的优质服务和良好的工作、生活环境。

(2) 建立技术先进、管理科学和综合集成的高度智能化管理体制。

(3) 节省能源消耗,减少资源浪费,降低日常运行成本。

国际上,智能建筑已经向"智能建筑群"和"数字城市"发展,如韩国的"智能半岛"计划、新加坡的"智能花园"计划、日本的"海上智能城"和美国的"月球智能城市"计划等。

**2. 随着科学技术的发展,3A 系统将有更新、更综合的发展**

(1) BA 系统:智能物业管理系统;事故监测控制系统;开放协议/面向对象技术;性能测量及查对控制系统;大范围的报警/监视系统;面貌识别系统。

(2) OA 系统:办公公文结构;基于网络的办公系统;智能化专家系统;自然语言

理解；多媒体数据库技术。

（3）CA系统；高带宽网络系统；语音识别与语音合成；智能通信服务；无线和私人通信系统。

总之，智能建筑将不断地利用成熟的新技术实现人、自然、环境的和谐统一。智能化建筑具有广泛的应用前景，其发展是社会进步的必然结果。

## 第三节　物业智能化管理的概念

### 一、物业管理基础

物业管理涉及的领域非常广泛。它包括对不动产、土地、建筑物、设备、房间、家具、物品、环境系统、服务和能源等设施的管理。物业管理既是房地产综合开发的延续和完善，又是现代化数字城市管理和房地产经营管理的重要组成部分。而物业的智能化管理则不单是为了延长物业使用年限及确保其功能正常发挥，扩大收益，降低运营费用，也是为了塑造良好的企业形象，改善适合于用户的各种高效率、低收费的服务，以及改善业务、变革业务体制，是对传统物业管理工作流程的规范化和合理化。

物业智能化管理是指在物业管理中，运用现代计算机技术、自动控制技术、通信技术等高新技术和相关的设备系统实现对物业及物业设施、物业设备、物业环境、物业消防、物业安防等的自动监控和集中管理，实现对业主形象、报修、收费、综合服务等的计算机网络化管理，以完善业主的生活、工作环境和条件，以便充分体现智能物业的价值。

### 二、物业智能化管理的目标与内容

（一）物业智能化管理的目标

（1）创造安全、舒适、和谐的人居环境。
（2）发挥物业最大的使用价值。
（3）使物业尽可能保值、增值。

## （二）物业智能化管理的内容

物业智能化管理的内容不但包括原来传统物业管理的内容,即日常管理、清洁绿化、安全保卫、设备运行和维护,还增加了新的管理内容,如固定资产管理、租赁业务管理,同时赋予日常管理、安全保卫、设备运行和维护等新的管理内容和方式。

**1. 智能化经营管理功能**

（1）收支管理。包括经营现状及收支管理、税金管理。

（2）预算管理。包括维护、检修、清扫和保养等的人工费,以及材料、设备及用品消耗预算等管理。

（3）委托契约管理。包括维修、安全防范和清扫等从业人员与产权业主间的契约管理。

（4）租金管理。包括租赁费、服务费、水电气费、电话费及公益费（走廊照明、空调）等管理。

（5）订、退契约管理。租住户与产权业主之间订、退契约的管理。

**2. 智能化运行管理功能**

（1）设备运行管理。

（2）设备维修管理。

（3）设施布局管理。

（4）清扫运行管理。

（5）环境卫生管理。

（6）安全管理。

（7）垃圾处理管理。

（8）停车场管理。

**3. 智能化用户出租、服务管理功能**

（1）公共设施使用预约。包括会议室、库房、展厅及多功能大厅等日程预定计划管理。

（2）规定时间外空调及照明申请。包括规定时间外空调、照明的使用申请管理。

（3）OA 服务。包括微型机、传真机及文字处理机等的公用服务、利用状况管理。

（4）无现金服务。包括自动售货机、市场及餐厅等使用智能卡的结算管理等。

## 三、物业智能化管理的特点

智能建筑是在传统建筑平台上为实现智能化而进行全方位改进,从而使冷冰冰的混凝土建筑物成为温暖的、人性化的智慧型建筑。智能建筑与传统建筑相比,不但功能更多、更强,而且更节约资源,适应性和灵活性更强。

与传统建筑的物业管理相比较,物业智能化管理有以下特点(见表1-1)。

表1-1 传统建筑的物业管理与物业智能化管理的比较

| 项目 | 传统建筑的物业管理 | 物业智能化管理 |
| --- | --- | --- |
| 管理对象 | 建筑及其设备设施系统是建立在机械加工与土木工程的基础上,适用的是机械加工精度和加工误差 | 各种智能化系统,以微电子类产品为主体的设备、设施 |
| 维护方式 | 传统维护方式是停机检修,出现故障再进行抢修,属于应急处理作业方式 | 建筑设备自动化子系统、安全防范子系统、停车场监控子系统等要求不停顿地工作。因此,要求物业管理部门在保证不间断正常运行的前提下进行预防性维护 |
| 对专业人才的要求 | 传统的建筑行业要求土建和机电设备领域的单一人员 | 智能化系统要求电子技术、通信、自动化、信息技术等专业方面多工种、复合型的专业人才 |
| 对物业管理的要求 | 传统的物业管理是对设备、设施现场的隐性检查 | 智能化系统是对设备、设施进行远程的实时监控 |

建筑物具有智能化意味着:
(1) 对环境和使用功能的变化具有感知能力,如对室温、光照的感知等;
(2) 具有传递、处理感知信息的能力,如温控、闭路监控等;
(3) 具有综合分析、判断的能力,如根据用户授权提供不同的信息访问能力;
(4) 具有作出决定并且发出指令信息、提供动作响应的能力,如消防处理系统。

以上四种能力建立在"3A"有机结合、系统集成的基础上,系统集成程度的高低决定了建筑智能化程度的高低。"3A"各子系统的简单堆积不能实现高智能化的建筑,反而只会导致系统的复杂化和资源的浪费。

## 四、建筑智能化设备运行与维护管理

智能建筑的设备维修保养,应注重以预防性维修为主,要根据不同设备性能的特点制定不同时限的设备维修保养计划和严格的保养标准,建立设备维修保养数据库,收集和整理完整的维修图纸、历史记录等文档,使设备保养维修工作达到标准化和表格化。对设备进行预防性维护保养,不仅能防患于未然,减少故障维修的工作量,还能使设备长期处于良好的工作状态。另外还必须制定相应的操作规程和管理制度,并且要特别注重人员的培训。

### (一) 设备运行管理

设备运行管理是保证设备正常运行和提高设备完好率的重要环节,其管理的主要内容包括制定系统操作规程、操作员责任界面及交接班制度等。

**1. 系统操作规程**

制定系统操作规程的目的是保证设备和系统的正常运行,达到设备最佳的性能和体现系统设计目标,同时规范设备和系统运行时的基本操作要求,正确的操作是保证设备完好的重要基础。智能大厦设备与系统运行时的操作规程通常包括以下内容:

（1）操作员进入系统,输入操作者编号和密码;

（2）通过图形方式检索设备运行状况;

（3）设定设备故障报警或撤销报警;

（4）设备报警信息和确认;

（5）设备手动方式的控制和调节;

（6）控制程序的手动方式执行;

（7）设备运行时间的累计;

（8）设备预防性维护提示;

（9）设备运行参数和统计报表的打印;

（10）操作员交班时,退出系统的操作;

（11）操作员填写和签署值班日志。

**2. 操作员责任界面**

操作员责任界面主要包括设备运行和报警信息的确认与处理。设备运行和报警信息确认与处理是指系统正常运行时,监控管理计算机 CRT（阴极射线管）显示系统总图,当发生设备故障报警或运行状态过限报警,CRT 显示系统总图上立即弹出故障设备位置图或设备运行图,操作员应在规定的时间内（例如 30 秒内）完成对该设备报警点的确认;操作员在 CRT 显示系统总图上确认报警点后,应立即通知工程维修部门进行检修,并将该设备报警点的有关报警内容填入值班日志,其内容包括报警点地址编号、报警时间、确认时间、报警状态（故障或过限）及复核结论等。

**3. 交接班制度**

操作员在交接班时,交班人员应退出自己所监控管理的计算机,接班人员应以自己的编号和密码进入自己所监管的计算机,保卫部门和工程管理部门将按进入系统操作员的编号来进行系统和设备的安全管理,以便必要时进行查证。

（二）设备维护管理

设备维护管理的目的是为了使设备运行保持正常水平。正常水平是指按照设备出厂时的技术指标规定达到的主要性能和能力水平,或根据使用要求所规定主要达到的水平。

设备维护管理主要分为故障性维修和预防性维护两类。

**1. 故障性维修**

由于外界原因或产品质量问题造成意外事故而使设备或系统器材损坏而进行的紧急维修称为故障性维修。通常在迅速诊断设备器材的故障部位后,用备品备件来进行更换,使得设备或系统在尽可能短的时间内恢复正常运行。

**2. 预防性维护**

为了有效延长设备使用年限和保证设备运行完好率,推迟更新大修的时间,提高设备的利用率和使用价值,使设备长期保持运转正常的状态,使设备性能不会迅速减弱或损坏,避免发生重大设备故障,必须进行预防性维护。预防性维护可对设备在使用期内进行定期保养和检测,防止设备和系统器材可能发生的故障和损坏。预防性维护包括改良性维护,改良性维护是指对设备和系统的更新和改造提升,从而保证设备和系统能够不断地满足智能大厦功能的需要。

### 五、建筑智能化的节能管理

实现建筑智能化的节能是建设建筑智能化追求的目标,通过节能管理,节省建筑的运行和管理费用和成本。

**(一)建筑智能化节能管理的概念**

所谓建筑智能化的节能,就是指在智能化建筑内让能源的消费和合理利用之间保持平衡关系。

建筑智能化能源的消费(或称为耗能量)是指建筑建成以后,在使用过程中每年所需耗能量的总和。建筑物耗能也是一个国家总耗能的重要组成部分。

**(二)建筑智能化节能管理的措施和方法**

建筑智能化节能管理不但包括传统建筑所采用的节能方法,更重要的是采用先进的科技来达到更准确和更高效的控制,使能源的消耗更趋合理。通常建筑物节能的内容和对象主要包括建筑设计、空调系统、照明与设备。

**1. 建筑设计**

(1)采用南北朝向,而不采用东西朝向。

(2)采用外表面小的圆形或方形建筑。

(3)缩小窗户面积。

(4)采用吸热玻璃、反射玻璃、双层玻璃。

(5)采用内、外遮阳。

(6)尽量减少建筑物的外墙面积。

(7)改善外墙和屋顶的保温性能,采用热容量大的隔热材料。

**2. 空调系统**

在满足人体舒适条件下,根据室外温、湿度变化,动态调节室内温、湿度设定值,温度在 17~28 ℃之间,相对湿度在 40%~70%之间。冬季取低值,夏季取高值。

(1) 冬、夏季取用最小新风量;过渡季取用全新风量。

(2) 检测二氧化碳浓度,控制室外空气的取入量。

(3) 根据室内人员变化情况,增减室外新风量。

(4) 采用全热交换器,减少新风冷热负荷。

(5) 在预冷、预热时停止取用新风。

(6) 根据对不同温、湿度的要求进行合理的温、湿度控制区域的划分。

(7) 加大冷热水的送风温差,以减小水流量、送风量和输送动力。

(8) 采用变风量(VAV)末端控制、变流量(VWV)控制,节省风机、水泵和冷水机组的电力消耗。

(9) 降低风道风速,减少系统阻力。

(10) 采用高效的节能冷热源设备。

(11) 采用热泵热回收系统。

(12) 防止过冷过热,增加控制精度。

(13) 进行最佳启停和运行时间控制。

(14) 采用计算机节能控制算法,克服设备运行冗余。

**3. 照明与设备**

(1) 适当降低照明度,充分利用日光照明。

(2) 根据外界光线变化,自动调节照度变化。

(3) 根据不同区域对照明度的要求,进行照明度的合理分区。

(4) 自动控制公共区域和建筑外立面照明的开启和关闭。

(5) 自动调节和控制机电设备(例如电梯和排风机)的启停和运行时间。

(6) 克服不必要的设备运行冗余。

**4. 建筑智能化中的一些综合节能措施**

(1) 提高室内温、湿度控制精度。建筑内温、湿度的变化与建筑节能有着紧密的相关性。美国国家标准局统计资料表明:如果在夏季将设定值温度下调 1 ℃,将增加 9%的能耗;如果在冬季将设定值温度上调 1 ℃,将增加 12%的能耗。因此将建筑内温、湿度控制在设定值精度范围内是建筑空调节能的有效措施。

能源越来越稀缺,节能和高效率地利用各种能源已经摆在了各个国家各级政府的日常议事日程上。选择高控制精度的建筑设备监控系统,是满足建筑室内温、湿控制精度的前提要求。相关测试显示,超过空调系统控制精度 1 ℃范围所造成的能耗损失将在 10%以上。因此空调系统温、湿度控制精度越高,不但舒适性越好,同时节能效果也越明显。

（2）新风量控制。从卫生的要求出发，建筑内每人都必须保证有一定的新风量，但新风量取得过多，将增加新风耗能量。新风量大小主要根据室内允许的二氧化碳浓度来确定，二氧化碳允许浓度值取 0.1%，每人所需新风量约为每小时 30 m³ 左右。但是以二氧化碳浓度作为指标，不仅要考虑二氧化碳对人体的有害影响，也要综合考虑温湿度、废气和粉尘等其他污染因素的影响。因而在除二氧化碳气体之外的其他因素良好的情况下，可以考虑减少新风量。可以实施新风量控制的措施有以下两种：一是在回风道上设置二氧化碳检测器，根据回风中二氧化碳气体浓度自动调节新风风门的开启度；二是根据建筑内人员变动规律，并采用统计学的方法，建立新风风阀控制模型，以相应的时间确定的运行程式控制新风风阀，以达到对新风量的控制。

（3）空调设备最佳启停控制。通过 BA 系统对空调设备进行建筑预冷、预热的最佳启停时间的计算和控制，以缩短不必要的预冷、预热的宽容时间，达到节能的目的。同时在建筑预冷、预热时，关闭室外新风风阀，这样不仅可以减少设备容量，而且可以减少获取新风带来的冷却或加热的能量消耗。

（4）空调水系统平衡与变流量控制。通过科学合理的空调系统节能控制算法，不但可以达到温、湿度环境的自动控制，而且可以取得相当可观的节能效果。

（5）消除暖通设计中带来的设备容量和动力冗余。在设计时，如果还是采用传统的冷热负荷的计算方式，没有科学核定空调系统热效率和能源消耗，就会带来一定的设备容量和动力冗余，造成能源的浪费，而这种冗余是很难用人工监控的方式消除的。建筑智能化科学地运用建筑设备自动化系统的节能控制模式和算法，动态调整设备运行和投入台数，有效地减少了由于暖通设计中带来的设备容量和动力冗余而造成的能源浪费。

## 本章综合思考题

1. 什么是"数字地球"和"数字城市"？
2. 简述智能建筑的技术基础。
3. 物业智能化管理有哪些特点？
4. 简述建筑智能化节能管理的措施和方法。

# 第二章

# 建筑设备监控系统

**本章学习要点**

- 熟悉建筑设备监控系统的功能与组成
- 掌握建筑设备监控系统各子系统的监控原理
- 了解建筑设备监控系统在智能建筑中的作用

建筑设备监控系统是智能建筑的一个重要系统,是对与建筑物有关的暖通空调、给排水、电力、照明、运输等设备集中监视、控制和管理的综合性系统。它是以计算机局域网为通信基础、以计算机技术为核心的计算机控制系统,它具有分散控制、集中管理的功能。

## 第一节 建筑设备监控系统概述

智能建筑首先是从建筑设备监控系统开始的,建筑设备监控系统也被称为建筑自动控制系统,它综合运用自动控制、计算机、通信、传感器等技术对建筑物或建筑群内的电力、照明、空调、给排水等系统进行有效的控制与管理,以保证建筑设施的节能、高效、可靠、安全运行,为用户提供良好的工作和生活环境。

### 一、建筑设备监控系统的组成

建筑设备监控系统所管理的设备主要是楼宇内所有的机电设备,包括暖通空调系统设备、给排水系统设备、电气系统设备、照明设备、运输设备等。监控系统对建筑及居住区中的各种机电设备进行监视、控制及自动化管理,达到安全、可靠、节省能源、节省人力和综合管理的目的。

建筑设备监控系统由设备监控网络和所支撑的应用系统组成,对变配电、空调、照明等系统进行有效的监控和操作管理,以便发挥各系统的最大功效并且最大限度地节约能源。它是一个能够完成多种控制及管理功能的网络系统,是随着现场控制总线技术发展起来的一种智能化控制管理网络。

一个完整的建筑设备监控系统结构如图 2-1 所示。

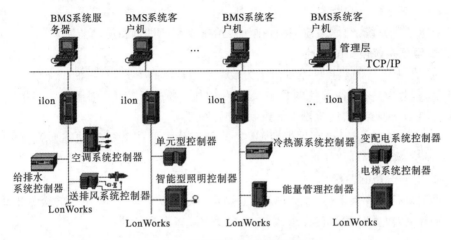

图 2-1　建筑设备监控系统结构

建筑物内诸多的机电设备之间存在着内在的相互联系,于是就需要进行完善的集中和自动化管理。建立机电设备管理系统,可对机电设备进行综合管理、调度、监视、操作和控制,并达到节能的目的。

(一) 建筑设备监控系统的作用

(1) 能提供整体监测,即时察觉并分析机电设备故障,减少因小故障而引起的其他问题,同时节省时间和资金。

(2) 配合自控系统的节能程式操作,减少不必要的能源浪费。

(3) 提供防范性保养,事先维修可能发生问题的设备。

(4) 提高对楼宇的整体管理效率,节省人力和时间。

(二) 建筑设备监控系统的范围

建筑设备监控系统所管理的设备主要是楼宇内所有的机电设备,包括暖通空调系统设备、给排水系统设备、电气系统设备、运输设备等。

**1. 暖通空调系统的监控**

(1) 空调系统的监控。对各冷源系统(冷却塔、冷冻水泵、冷却水泵、制冷机组)进行监控,完成最佳台数运作;对冷冻水、冷却水之温差、压差及流量等进行监控;在确保空气温度及新鲜度的情况下,实现最佳新风及外气节能调节。此外,还对楼宇空气环境进行相应的监测。

(2)通风系统的监控。通风系统由常规通风系统及防排烟系统组成,包括厕所排风系统、地下室机房及车库送排风系统以及空调新风进风系统、防烟系统、排烟系统及加压送风系统。通风系统监控装置能够对其进行相应的监控。

**2. 给排水系统的监控**

对生活水系统、热水系统、排水排污等给排水系统进行相应的监测。

**3. 电气系统设备的监控**

(1)电力设备的监控。系统对电力设备采用监测的方式,对高低压配电柜、干式变压器、紧急发电机、各设备的状态及相关电力参数进行监测,包括有效容量控制、停复电自动切换控制、负荷投入的控制及报警等。

(2)照明控制。对楼宇景观照明、公共区域分组照明等进行状态监视、时序控制、光强与照度调节、故障报警。

**4. 运输设备的监控**

运输设备主要指电梯。电梯控制主要是对客梯、货梯、消防梯等的楼宇电梯进行启停控制,以及对其运转状态、紧急状况及故障报警进行监测。

## 二、建筑设备监控系统的标准

如果系统中各种设备及子系统不进行互联而独立运作,则不能进行一体化协调运作,从而导致管理效率低、维修困难、扩展维护费用高。

目前国际上常用的两种开放式标准是 LonMARK 标准和 BACnet 标准。这两种标准在我国也得到了应用。

### (一) LonMARK 标准

LonMARK 标准是 1991 年由美国 Echelon 公司以 LonWorks 技术为基础推出的。LON(local operating network)为 Echelon 公司推出的局部操作网,采用 LonTalk 协议的局部操作网称为 LonWoks 网。这种网络不同于局域网,更确切地说,它是一种工控网技术,也叫现场总线技术,它能够方便地实现现场传感器、执行器、仪表等的联网,传输数据量较小的检测信息、状态和控制信息。

LonWorks 技术最大的优点是其具有完全的开放性并具有高可靠性和低成本的优点,其主要特点如下:①采用 LonTalk 通信协议,该协议遵循国际标准化组织(ISO)定义的开放系统互联 OSI(open system interconnect)全部七层协议,网络协议开放,可以实现互操作;②可在任何通信介质下通信,并且多种介质可以在同一网络中混合使用;③网络操作系统结构可以使用主从式、对等式或客户机/服务器式结构;④支持多种通信媒质和任意自由拓扑网络结构。网络拓扑结构可以是任意形式,如星型、树型或网状型等,实现真正的点对点通信。

楼宇自动化有其显著的特点：一是测控点分散，从一盏灯、一个探头到一部电梯、一台空调机，几乎遍及建筑物各个角落；二是被控设备种类多，包括空调机、新风机、冷冻机、风机盘管、锅炉、换热设备、发电机组、电梯、给排水设备、照明配电等设备，并且这些设备往往本身配有控制系统。要对建筑物内所有机电设备进行全面控制，需要一种可以实现互操作的测控系统。如果仍旧采用传统的联网拓扑结构，那么实现现场直接数字控制(DDC)器通信连接的布线十分复杂。LonWorks技术是专门为实时控制设计的，是在控制层提供互操作的现场总线，可随现场情况任意选择通信网络拓扑结构，使系统组态灵活方便，因此 LonWorks 技术一问世，立即在楼宇自动化行业得到响应。

（二）BACnet标准

BACnet标准是由美国暖通空调制冷工程师学会(ASHRAE)发起制定并得到美国国家标准协会(ANSI)批准的网络通信协议标准。BACnet标准也是由楼宇自动化系统的生产商、用户参与制定的一个开放式标准，是由ASHRAE综合几个局域网(LAN)的协议而制定的，并尽可能采用了LAN网络不同时期的成熟技术。

BACnet网络通信协议标准规定了所有数据在网络中传输的一系列标准，包括使用何种线缆、如何发布指令、怎样得到温度信号、怎样发出警报等。

（三）建筑设备监控系统的构成

设备监控系统多为分布式计算机系统，硬件一般由监控主机、现场直接数字控制器、现场仪表和通信网络四个主要部分组成。软件包括系统软件、图形显示组态软件和应用软件等。

## 第二节　供配电及电源监控系统

供配电监控系统保证楼宇的动力供应，是楼宇的生命线。供配电监控子系统的工作目标是保证电能供应，提高负荷效率，节省能源，能够对供配电子系统的运行状况进行监视和控制，记录有关状况和参数。

大中型楼宇的供电电压一般采用 10 kV，有时也可采用 35 kV，变压器装机容量一般大于 5000 kVA。为保证供电可靠性，应至少有两个独立电源供电。两个独立电源同时供电，自动切换，互为备用，必要时应配备应急备用发电机组，以便在 24 小时内保证事故照明、消防用电等。

## （一）智能建筑中电力负荷的分类

在智能建筑的用电设备中，用电负荷分为以下三类。

一级负荷设备：消防控制室，消防水泵，消防电梯，排烟设备，火灾自动报警，自动灭火装置，火灾事故照明，疏散指示标志，电动的防火门帘、卷帘、阀门等消防用电设备，保安设备，主要业务部门用的计算机及外设，管理用的计算机及外设，通信设备，重要场所的应急照明等。

二级负荷设备：客梯、生活供水泵房等。

三级负荷设备：空调、照明等。

## （二）智能建筑中用电负荷的分布及变压器的配置

高层建筑的用电负荷一般可分为空调、动力、照明三大类。

对于全空调的各种商业性楼宇，空调负荷属于大宗用电，约占用电负荷总量的40%～50%。冷热源设备一般放在大楼的地下室、首层或下部。动力负荷主要指电梯、水泵、排烟风机、洗衣机等设备的负荷。普通建筑的动力负荷都比较小，在超高层建筑中，由于电梯负荷和水泵容量的增大，动力负荷的比重将会明显增加。动力负荷中的水泵、洗衣机等亦大部分放在下部，因此，就负荷的竖向分布来说，负荷大部分集中在下部，因此将变压器设置在建筑物的底部是有利的。但在40层以上的高层建筑中，电梯设备较多，此类负荷大部分集中于大楼顶部。竖向中段层数较多，通常设有分区电梯和中间泵站。在这种情况下，宜将变压器按上、下层配置或者按上、中、下层分别配置。供电变压器的供电范围大约为15～20层。

# 第三节　照明监控系统

智能楼宇是多功能的建筑，不同用途的区域对照明有不同的要求，因此应根据使用的性质及特点，对照明设施进行不同的控制。

## 一、照明监控系统的任务

照明监控系统的任务主要有两个方面：一是为了保证建筑物内各区域的照度及视觉环境而对灯光进行控制，称为环境照度控制，通常采用定时控制、合成照度控制等方法来实现；二是以节能为目的对照明设备进行的控制，简称照明节能控制，有区域控制、定时控制、室内检测控制三种控制方式。

## 二、照明监控系统的组成与监控原理

在照明监控系统中，室外天然光传感器等检测元件将各部位检测的相关值送到DDC的模拟输入点（AI）。走廊、楼梯、景观等照明开关的状态送到DDC的数字输入点（DI），DDC智能照明控制器依据检测来的信号，经过综合分析发出相应的控制信息，经由DDC的输出信号（DO）联动控制走廊、楼梯、景观、照明器、紧急事故照明等照明开关。照明监控系统结构如图2-2所示。

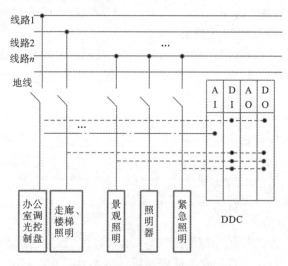

图 2-2 照明监控系统结构图

# 第四节 暖通空调监控系统

暖通空调系统是智能建筑设备系统最主要的组成部分，其作用是保证建筑物内具有舒适的工作、生活环境和良好的空气品质。暖通空调系统由制冷系统、冷却水系统、空气处理系统和热力系统组成。

暖通空调系统的监控包括对空调机组、新风机组、变风量末端风机盘管进行的监控，是节能、节电的关键。对楼宇暖通空调设备进行全面管理和监控，可以实现楼宇的温度调节、湿度调节、通风气流速度的调节以及空气洁净度的调节，营造良好的工作环境。

## 一、空调系统的监控

空气调节的任务,在于按照使用的目的,对房间或公共建筑物内的空气状态参数进行调节,为人们的工作和生活创造一个温度适宜、湿度恰当的舒适环境。对舒适性的空气调节,关键是对空气温度、湿度的控制。

空气调节系统一般均由被调对象、空气处理设备、空气输送设备和空气分配设备所组成。空气调节系统的任务是对空气进行加热、冷却、加湿、干燥和过滤等处理,然后将其输送到各个房间,以保证房间内空气的温度、湿度与洁净度等稳定在一定的范围内,满足生产和生活的需要。

空调处理机组监控系统主要由风门驱动器、风管式温度传感器、湿度传感器、压差报警开关、电动调节阀、压力传感器及区域控制器等组成。

### (一)空调系统设备组成

一般空调系统设备包括以下几部分。

**1. 进风部分**

根据人对空气新鲜度的生理要求,空调系统必须有一部分空气取自室外,常称新风。空调的进风口和风管等,组成了进风部分。

**2. 空气过滤设备**

由进风部分引入的新风,必须先经过一次预过滤,以除去颗粒较大的尘埃。一般空调系统都装有预过滤器和主过滤器两级过滤装置。根据过滤的效率不同,大致可以分为初效过滤器、中效过滤器和高效过滤器。

**3. 空气的热湿处理设备**

将空气加热、冷却、加湿和减湿等不同的处理过程组合在一起统称为空调系统的热湿处理。

**4. 空气的输送和分配设备**

将调节好的空气均匀地输入和分配到空调房间内,以保证其合适的温度场和速度场。这是空调系统空气输送和分配部分的任务,它由风机和不同形式的管道组成。

**5. 冷热源部分**

为了保证空调系统具有加温和冷却能力,必须具备冷源和热源两部分。冷源有自然冷源和人工冷源两种。热源也有自然热源和人工热源两种。

### (二)新风机组的监控

新风机组的监控功能主要包括以下内容。

**1. 检测功能**

监视风机电机的运行/停止状态；监测风机出口空气温、湿度参数；监测新风过滤器两侧压差；监视新风阀打开/关闭状态。

**2. 控制功能**

控制风机启动/停止；控制空气-水换热器调节阀，使风机出口温度达到设定值；控制干蒸汽加湿器阀门，使冬季风机出口空气湿度达到设定值。

**3. 保护功能**

冬季当某种原因造成热水温度降低或热水停止供应时，应停止风机，并关闭新风阀门，以防机组内温度过低而冻裂空气-水换热器；当热水恢复正常供热时，应启动风机，打开新风阀，恢复机组正常工作。

**4. 集中管理功能**

各机组附近的 DDC 控制装置通过现场总线与相应的中央管理机相连，可以显示各机组启动/停止状态，送风温、湿度，各阀门状态值；发出任一机组的启动/停止控制信号，修改送风参数设定值；任一新风机组工作出现异常时，发出报警信号。

### （三）空调机组的监控

空调机组的调节对象是相应区域的温、湿度，因此送入装置的信号包括被调区域内的温、湿度信号。在控制方式上一般采用串级调节形式，以防室内外的热干扰、空调区域的热惯性以及各种调节阀门的非线性等因素的影响。对于带有回风的空调机组，除了保证经过处理的空气参数满足舒适性要求外，还要考虑节能问题。图 2-3 所示为空调处理机组监控原理图。

### （四）变风量系统的监控

变风量（VAV）系统是一种新型的空调方式。当室内环境温度变化时，改变送风的温度（定风量）和改变送风量（变风量）两种控制方式均可达到相同的控制效果。采用变风量系统的中央空调系统可节能 20％左右。

VAV 系统一般由带变频调节电机的空调机组和变风量末端装置组成。监控内容包括控制风机的启停，以及监视启停状态和控制状态。它根据室内温度的测量值，通过调节风门大小和水阀的开启度来实现对温度的控制，使室温保持稳定。

(1) 由于送入各房间风量是变化的，空调机组的风量将随之变化，因此应采用调速装置对送风机转速进行调节，使之与变化风量相适应。

(2) 调节送风机速度时，需引入送风压力检测信号参与控制，从而使各房间内压力不出现大的变化，保证装置正常工作。

(3) 对于 VAV 系统，需要检测各房间风量、温度及风阀位置等信号，并经过统一的分析处理后才能给出送风温度设定值。

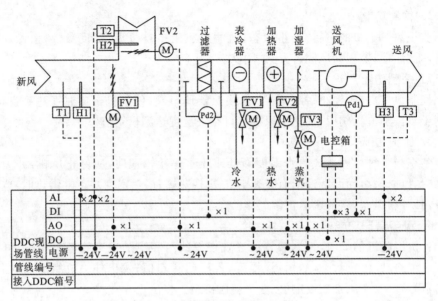

图 2-3　空调处理机组监控原理图

(4) 在进行送风量调节的同时,还应调节新、回风阀,以使各房间有足够的新风。

## 二、暖通系统的监控

暖通系统主要包括热水锅炉房、换热站及供热网。

供暖锅炉房的监控对象可分为燃烧系统及水系统两大部分,其监控系统可以由若干台 DDC 及一台中央管理机构成。各 DDC 装置分别对燃烧系统、水系统进行监测控制,根据供热状况控制锅炉及各循环泵的开启台数,设定供水温度及循环流量,协调各台 DDC 完成监控管理功能。

**1. 锅炉燃烧系统的监控**

热水锅炉燃烧系统的监控任务主要是根据对产热量的要求控制送煤链条速度及进煤挡板高度。

**2. 锅炉水系统的监控**

锅炉水系统监控的主要任务有以下三个方面。

(1) 保证系统安全运行。主要保证主循环泵的正常工作及补水泵的及时补水,使锅炉中循环水不致中断。

(2) 计量和统计。测定供水温度、循环水量和补水流量,从而获得实际供热量和累计补水量等统计信息。

(3) 运行工况调整。根据要求改变循环水泵运行台数或改变循环水泵转速,调整循环流量,以适应供暖负荷的变化,节省电能。

### 三、冷热源及其水系统的监控

冷热源主要包括冷却水、冷冻水及热水制备系统。图 2-4 所示为冷水机组的监控原理图。

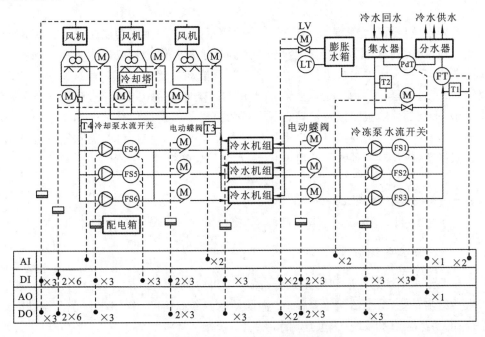

图 2-4　冷水机组的监控原理图

**1. 冷却水系统的监控**

冷却水系统的作用是通过冷却塔和冷却水泵及管道系统向制冷机提供冷水。监控的目的主要是保证冷却塔风机、冷却水泵安全运行；确保制冷机冷凝器侧有足够的冷却水通过；根据室外气候情况及冷负荷调整冷却水运行工况，使冷却水温度在要求的设定范围内。

**2. 冷冻水系统的监控**

冷冻水系统由冷冻水循环泵通过管道系统连接冷冻机蒸发器及用户各种冷水设备（如空调机和风机盘管）组成。对其进行监控的主要目的是保证冷冻机蒸发器通过足够的水量以使蒸发器正常工作；向冷冻水用户提供足够的水量以满足使用要求；在满足使用要求的前提下尽可能减少水泵耗电，实现节能运行。

**3. 热水制备系统的监控**

热水制备系统以热交换器为主要设备，其作用是产生生活、空调及供暖用热水。对这一系统进行监控的主要目的是监测水流工况以保证热水系统的正常循环，控制热交换过程以保证要求的供热水参数。

# 第五节　给排水监控系统

给排水监控系统是智能楼宇中的一个重要系统，它的主要功能是通过计算机控制及时地调整系统中水泵的运行台数，以达到供水量和需水量或来水量和排水量之间的平衡，实现泵房的最佳运行，实现高效率、低能耗的优化控制。建筑设备监控系统给排水监控对象主要是水池、水箱的水位和各类水泵的工作状态，例如水泵的启停状态、水泵的故障报警以及水箱高低水位的报警等。这些信号可以用文字及图形在显示屏上显示，并可通过打印机将其记录打印出来。系统可对各类水箱的高低水位越限报警，以及对各种水泵的启停状态、水泵的故障报警。

## 一、给排水系统分类

### （一）给水系统分类

按照给水系统的性质和用途来分，高层民用建筑给水系统可以分为以下几类：①生活给水系统；②生活热水系统；③消防给水系统；④生活饮用水系统；⑤软化水系统；⑥游泳池给水系统；⑦重复用水系统。

### （二）排水系统分类

高层民用建筑排水系统主要担负着盥洗及洗涤废水、粪便污水、雨水，以及附属设施的餐厅、车库和洗衣房的排水任务，主要分为以下几类：①生活污水排水系统；②雨水排水系统；③附属设施排水系统。

## 二、给水系统的监控功能

给水系统设备主要有地下储水池、楼层水箱和天台水箱、生活给水泵、气压装置、消防给水泵。给水系统的控制功能主要包括以下几个。

（1）地下储水池水位、楼层水池、天台水池水位的检测及当高/低水平超限时的报警。

（2）对于生活给水泵，根据水池（箱）的高/低水位控制水泵的启/停，检测生活给水泵的工作状态和故障，如果使用水泵出现故障，备用水泵会自动投入工作。

(3) 气压装置压力的检测与控制。

有关设备的监控原理示例如图 2-5 至图 2-7 所示。

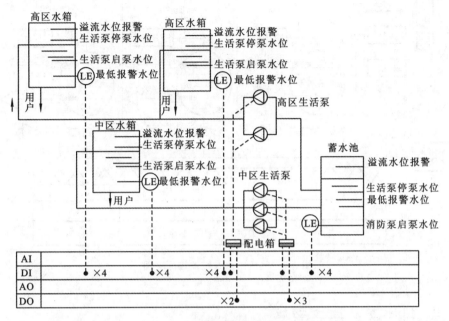

图 2-5 生活给水系统监控原理图

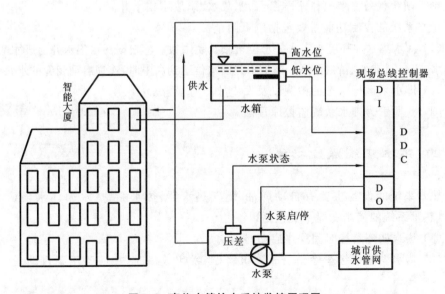

图 2-6 高位水箱给水系统监控原理图

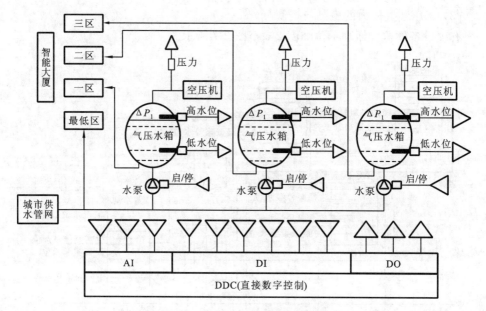

图 2-7 气压给水系统监控原理图

## 三、排水系统监控功能

排水系统设备主要有排水水泵、污水集水井、废水集水井。

排水系统的控制功能主要包括以下两个。

(1) 污水集水井和废水集水井水位检测及超限报警。根据污水集水井与废水集水井的水位,控制排水泵的启/停。当集水井的水位达到高限时,连锁启动相应的水泵。

(2) 排水泵运行状态的检测以及发生故障时报警。

图 2-8 所示为排水系统监控原理图。

## 四、热水系统监控功能

热水系统的设备主要有自动燃油/燃气热水器、热水箱、热水循环水泵(回水泵)。热水系统的控制功能主要包括以下几个。

(1) 热水循环泵按时间程序启动/停止。

(2) 热水循环泵状态检测及故障报警(当发生故障时,相应备用泵自动投入运行)。

(3) 热水器与热水循环连锁控制,当循环泵启动后,热水器(炉)才能加热,控制热水温度。

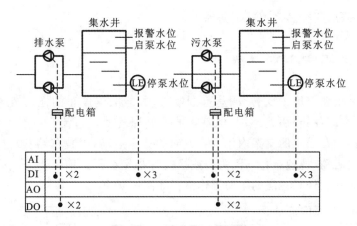

图 2-8 排水系统监控原理图

(4) 热水供水温度和回水温度及检测。

(5) 对于热水部分,当热水箱水位降至低限时,连锁开启热水器冷水进口阀,以补充系统水源;当热水水位达高限时,连锁关闭冷水进水阀。

图 2-9 所示为锅炉机组的检测与自动控制原理图。

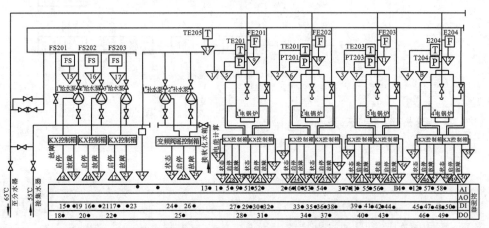

图 2-9 锅炉机组的检测与自动控制原理图

# 第六节 电梯监控系统

电梯是楼宇现代文明的标志,可分为直升电梯和手扶电梯,而直升电梯按其用途又可分为客梯、货梯、客货梯、消防梯等。

## 一、电梯正常工作流程

电梯是要求频繁地正反转、调速范围较大,并能准确停车的拖动装置。尽管电梯种类很多,形式各异,用途不同,但基本的控制原理及运行流程没有本质的区别。直升电梯的轿厢在固定的支架内作垂直方向的往返运动,行驶在始发站与终端站之间。它的定向启动,稳速运行,开、关门或换向等都是在得到前一步完成的明确信号后自动执行。它在任意一层的主要工作流程如图2-10所示。

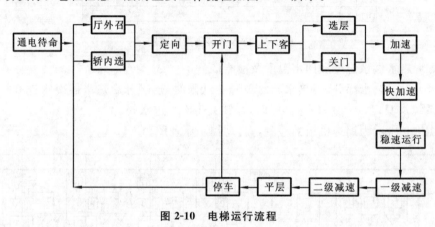

图 2-10　电梯运行流程

## 二、电梯监控系统

### (一) 电梯的控制方式与对象

电梯的控制方式可分为层间控制、简易自动、集选控制、有/无司机控制以及群控等。对电梯的监控是通过电梯的串行通信接口与控制系统通信实现的。

电梯监控对象包括电梯的启停、升降楼层、运行状态、故障报警以及楼宇发生火灾时强制电梯降至底层和切断电梯电源连锁控制动作。对电梯的监视点均为开关量的输入方式,包括:

(1) 电梯现在所处楼层、是向上还是向下运行、是否停机等电梯状态信息;
(2) 在电梯发生故障时应产生声光报警信号;
(3) 显示电梯轿厢内的人员状况;
(4) 电梯系统与消防报警的联动。

对于自动扶梯,其监控点除与电梯类似外,还有自动扶梯的启停状态、自动扶梯的控制方式是手动还是自动、自动扶梯运行高峰时的工作状态等信息。

（二）电梯的监控内容

电梯作为高层建筑必备的垂直交通设备，对其运行的安全性、可靠性有着特殊要求，不同厂家的设备，尽管实现功能相近，但其控制方式有很大的不同，无论单梯还是多梯，都配有各自专业的单控或群控系统，对电梯而言，智能建筑设备自动化系统（BAS）主要实现对电梯运行状态及其相关情况下的监视。电梯的监控内容如下。

（1）按时间程序设定的运行时间表启停电梯、运行状态监视、故障及紧急状况报警。

（2）运行状态监视内容有启停状态、运行方向、楼层位置等，将检测结果上传，并动态显示各电梯当前状态。

（3）故障检测包括曳引电机、制动器在内的各种安全机构故障后的自动报警，并显示故障梯的地点、位置、发生故障时间、故障状态等。

（4）紧急状况检测包括各种突发意外对电梯运行造成的影响及后果，如火灾时电梯运行对策执行状况、断电或地震时轿内人员被困情况等，一经发现，立即报警。

（5）多台电梯的并控/群控管理。在一些客流相对集中的高层建筑，往往有两台或两台以上的电梯同时运行，其特点是上下班及午餐时间客流相对集中，其他时间段相对空闲。因而，可根据客流高峰期流向、根据轿厢所在位置、方向、停靠层站点、轿内人数等，制定相应的程序对策，诸如"上行客流模式"、"下行客流模式"、"午餐服务模式"、"空闲模式"等，自动选择最适合于客流情况的输送模式，实现电梯自动调度控制，达到既能减少候梯时间，最大限度利用已有交通能力，又避免因数台电梯同时响应同一召唤而造成空载运行、浪费电力。群控可对运行区域进行自动分配，包括电梯运行台数调配、运行调度、区域划分、服务区段调整等，随时满足建筑物内各处不同时间段、不同层站的需求。群控管理大大缩短了候梯时间，改善了电梯交通服务质量，使之具有理想的适应性和交通应变能力。

（6）与消防系统协同方式。所有安装的电梯设备均应具有"消防运行"控制模式，在基站或一层设有消防专用开关盒。发生火警时，所有正常运行中的电梯一律按程序自动进入消防运行模式，驶往基站、疏散乘客；若击碎基站消防开关盒玻璃，扳动开关，电梯则自动转入"消防运行"模式；若设有专用消防电梯，应在接通该电梯应急电源后，在基站待命。

（7）与安全防范系统协同方式。当接到安防报警信号后，电梯应具有与安全防范系统协同的功能，根据预置的防范级别，轿厢自动执行相关程序，或停运，或关门后直驶基站（指定站层）后，由轿外手动开门放行等。

图 2-11 所示为电梯运行状态监控原理图。

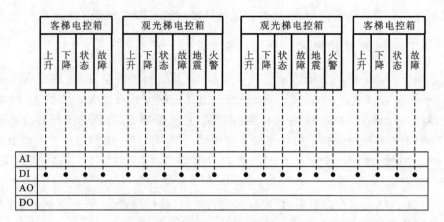

图 2-11 电梯运行状态监控原理图

### 本章综合思考题

1. 建筑设备自动化系统包括哪些监控系统？
2. 智能建筑高压供电有哪些方式？
3. 简述智能建筑照明系统的监控内容。
4. 简述智能建筑空调系统的组成。
5. 简述智能建筑通风系统的主要监控内容。
6. 简述智能建筑给排水系统的监控内容。
7. 试述电梯工作流程。

# 第三章

# 火灾自动报警及消防联动系统

**本章学习要点**

- 理解消防报警系统的基本概念
- 了解火灾探测器的工作原理、种类、特点和适用范围
- 掌握火灾自动报警系统的基本工作原理
- 掌握消防报警系统的基本结构组成和主要功能

火灾自动报警及消防联动系统是消防工程的一个关键部分,是智能建筑的一个重要系统,它由火灾自动报警系统及消防联动系统及其所支撑的应用组成。

## 第一节 概 述

火的发明与使用对人类进步和社会发展起着无可估量的作用。火灾也带来巨大的经济损失和惨重的灾难。随着高层建筑的大量涌现,对防范火灾的要求日益提高。建筑物产生火灾的原因很多,大致有以下几种原因:①人员用火不慎,如乱丢烟头、火柴,电焊、气焊火花跌落等引起可燃气、油料和木材、化纤等物体燃烧产生火灾;②电气起火,如用户随意接插用电,线路超载,配电线路受潮、老化、漏电甚至短路,变配电设备和用电设备安放位置不当,电气事故后迅速引燃周围物质等;③建筑物遭受雷击;④人为破坏。

### 一、智能建筑火灾的特点

(1) 建筑结构跨度大、特性复杂。随建筑高度的增加,室外风速增大,室内外温差所形成的热风压增大,起火后引起烟气运动的火风压增大,烟气蔓延速度急剧加快;高层智能建筑主要交通工具是电梯,发生火灾时人员疏散困难。

(2) 环境要求高、内部装修材料多,有大量易燃、可燃材料。

(3) 电气设备多、监控要求高,布线密如蛛网,会沿线路迅速蔓延。
(4) 人员多且集中,难以迅速疏散撤离。
(5) 建筑功能复杂多样,安全疏散通道曲折隐蔽。
(6) 管道竖井多,引起烟囱效应。

## 二、智能建筑消防系统组成

一个完整的火灾自动报警及消防联动系统基本上可划分为火灾自动报警系统、通报与疏散系统、灭火控制系统及防排烟控制系统(如图3-1所示)。火灾自动报警及消防联动系统由以下几个部分组成。

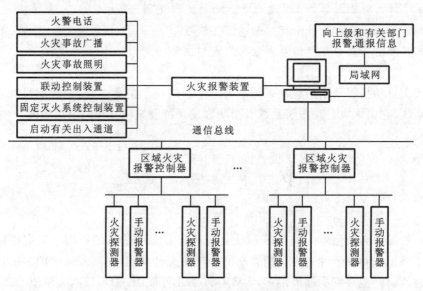

图3-1 火灾自动报警及消防联动系统的组成

(1) 火灾自动报警系统。由火灾探测器和火灾自动报警控制装置等组成。
(2) 通报与疏散系统。由紧急广播系统(平时为背景音乐系统)、事故照明系统以及避难诱导灯组成。
(3) 灭火控制系统。由自动喷洒装置、气体灭火控制装置、液体灭火控制装置等构成。
(4) 防排烟控制系统。主要实现对防火门、防火阀、排烟口、防火卷帘、排烟风机等设备的控制。

一般情况下,一级保护对象宜采用控制中心报警系统,并设有专用消防控制室。二级保护对象宜采用集中报警系统,消防控制室可兼用。三级保护对象宜采用区域报警系统,可设消防报警室。在具体工程设计时根据工程实际需要进行综合考虑,并取得当地公安部门的认可。

### 三、对火灾自动报警及消防联动系统的设计要求

智能建筑对火灾自动报警及消防联动系统的要求如下。

（1）火灾的自动探测及报警。智能化多功能消防报警系统应能准确、实时地监测火警状态，并根据发生火灾的进展程度发出火灾预报警、火灾报警信号，既提醒值班人员注意并采取必要的措施，又对现场人员进行报警，以便及时疏散，避免造成人员伤亡。

（2）控制消防灭火设备启动，并对设备的运行进行联动控制。

（3）火灾时的联动控制，对消防设施环网其他必要的设备进行联动控制。

智能建筑中设计火灾自动报警系统的目的是及早发现火灾并通报火灾，防止和减少火灾危害。而设计时则应该遵循安全可靠、使用方便、技术先进、经济合理的原则。一般而言，智能建筑的火灾自动报警系统应该达到以下要求：

（1）有火情时，能及时准确地发出火警信号，并显示火情发生的地点；

（2）确定火情，通知消防队救火；

（3）立即启动消防系统灭火排烟；

（4）切断电源；

（5）保持自动报警系统性能完好，具有自检功能；

（6）减少误报；

（7）有设备用电电源；

（8）有打印、记录功能。

## 第二节　火灾自动报警系统

火灾自动报警系统作为消防系统的核心部分，对灭火起着至关重要的作用。火灾自动报警系统在建筑物内的不同位置设置适宜的火灾探测器和火灾报警控制器。实现火灾的早期发现和及时报警，以便把火灾扑灭在火灾初期，最大限度地降低火灾损失。

### 一、火灾自动报警系统分类、组成

#### （一）火灾自动报警系统的基本组成

火灾自动报警系统一般由触发器件、火灾报警控制装置、火灾报警装置、消防联

动控制设备和电源等组成。

**1. 触发器件**

触发器件即自动或手动产生报警信号的器件,包括各类火灾探测器和手动报警按钮。

**2. 火灾报警控制装置**

火灾报警控制装置担负着向火灾探测器供电、接收、显示、传输火灾信号,并向自动灭火装置发出控制信号的任务,是火灾报警系统中的核心。

**3. 火灾报警装置**

用于发出区别于环境声、光的火灾报警信号的警报器件统称为火灾报警装置,如声光报警器、警笛、警铃等。它们以声、光、音响等方式向报警区域发出警报信号,以警示人们尽快疏散,采取灭火扑救措施。

**4. 消防联动控制设备**

在火灾报警系统中,当收到触发器件的火灾报警信号后,能自动或手动启动相关消防设备并显示其运行状态的设备,称为消防联动控制设备。消防联动控制设备一般设在消防控制中心,集中统一管理。也有的设在消防设备现场,但其动作信号则反馈回消防控制中心,实现集中与分散相结合的控制方式。

**5. 电源**

此处的电源即消防电源,其主电源一般采用消防电源双切箱,备用电源采用蓄电池,而且主、备电源应能自动切换。消防电源除为火灾报警控制器供电以外,还为与系统相关的消防控制设备等供电。

(二) 火灾自动报警系统类型

火灾自动报警系统可分为区域报警系统、集中报警系统和控制中心报警系统三种类型。其中控制中心报警系统是智能建筑最常用的火灾自动报警系统。

**1. 区域报警系统**

区域报警系统适用于集中规模较小、火灾探测器区域不多且保护范围不大,多为局部性保护的报警区域,火灾报警控制器的台数不应设置过多。区域报警系统由区域火灾报警控制器和火灾探测器等组成,或由火灾报警控制器和火灾探测器等组成,如图3-2所示为一个区域报警系统。

**2. 集中报警系统**

集中报警系统应设在专用的消防控制室或消防值班室内,不能安装在其他值班室内由其他值班人员代管,也不能用其他值班室兼做集中报警控制器值班室。集中报警系统由集中火灾报警控制器、区域火灾报警控制器和火灾探测器组成,或由火灾报警控制器、区域显示器和火灾探测器等组成,是功能较复杂的火灾自动报警系统,如图3-3所示。

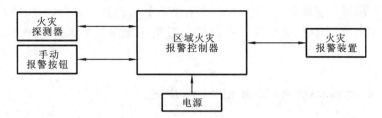

图 3-2 区域报警系统

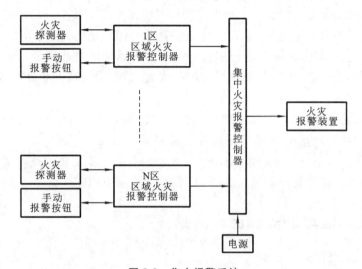

图 3-3 集中报警系统

## 3. 控制中心报警系统

控制中心报警系统一般适用于规模大的一级以上保护对象。因该类建筑规模大、建筑防火等级高,消防联动控制功能也强。控制中心报警系统(如图 3-4 所示)由消防控制室的消防联动控制设备、集中火灾报警控制器、若干个区域火灾报警控制

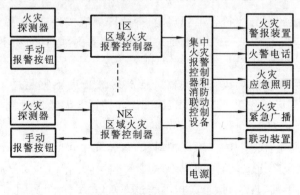

图 3-4 控制中心报警系统

器和火灾探测器等组成,或由消防控制室的消防联动控制设备、火灾报警控制器、区域显示器和火灾探测器等组成。控制中心报警系统是功能复杂的火灾自动报警系统。

## 二、火灾自动报警系统的工作原理

火灾自动报警系统作为消防系统的核心部分,对灭火起着至关重要的作用。其两个基本组成部分是火灾探测器和火灾自动报警控制器。其中,火灾探测器是火灾自动报警装置的最关键部件,是火灾自动报警及控制系统的"眼睛",火灾自动报警信号都是由它发出的;火灾自动报警控制是消防自动化的核心部分,是火灾信息处理和报警控制的核心,可及早发现(且通报)火灾,最终通过联动控制装置实施消防控制和灭火操作。

火灾自动报警系统的工作原理如下。火灾初期所产生的烟和少量的热被火灾探测器接收,将火灾信号传输给区域报警控制器,发出声光报警信号。区域(或集中)报警控制器的输出节点动作,自动向失火层和有关层发出报警及联动控制信号,并按程序对各消防联动设备完成启动、关停操作(也可由消防人员手动完成)。

## 三、报警区域和探测区域的划分

### (一)报警区域的划分

报警区域应根据防火分区或楼层划分。一个报警区域宜由一个或同层相邻几个防火分区组成。

### (二)探测区域的划分

(1)探测区域的划分应符合下列规定:探测区域应按独立房(套)间划分;一个探测区域的面积不宜超过 500 $m^2$;从主要入口能看清其内部,且面积不超过 1000 $m^2$ 的房间,也可划为一个探测区域。

(2)红外光束线型感烟火灾探测器的探测区域长度不宜超过 100 m;缆式感温火灾探测器的探测区域长度不宜超过 200 m;空气管差温火灾探测器的探测区域长度宜在 20~100 m 之间。

(3)符合下列条件之一的二级保护对象,可将几个房间划为一个探测区域:

① 相邻房间不超过 5 间,总面积不超过 400 $m^2$,并在门口设有灯光显示装置;

② 相邻房间不超过 10 间,总面积不超过 100 $m^2$,在每个房间门口均能看清其内部,并在门口设有灯光显示装置。

(4) 下列场所应分别单独划分探测区域：
① 敞开或封闭的楼梯间；
② 防烟楼梯间前室、消防电梯前室、消防电梯与防烟楼梯间合用的前室；
③ 走道、坡道、管道井、电缆隧道；
④ 建筑物屋顶、夹层。

## 第三节　火灾探测器

### 一、火灾探测器的种类

火灾探测器的种类有以下几种分类方法。

(1) 按结构造型分类，分为线型探测器和点型探测器。其中线型探测器是响应连续线路周围火灾参数的探测器。其连续线路可以是硬线路连续的热敏电缆感温探测器，也可以是软线路连续的投射光束的感烟探测器。而点型探测器则是响应某点周围火灾参数的探测器。

(2) 按火灾参数分类（是最常用的分类方法）。按照火灾特征的物理量——烟雾、气体、光、电、热、气压、声波等火灾参数，可以分为感烟探测器、感温探测器、感光探测器。

(3) 按使用环境分类，可分为陆用型探测器、船用型探测器、耐寒型探测器、耐暴型探测器。

(4) 按动作时刻分类，可分为延时动作探测器与非延时动作探测器。

(5) 按安装方式分类，可分为外露型探测器与埋入型（隐藏型）探测器。

### 二、火灾探测器的主要技术性能

火灾探测器的主要技术性能有以下几个。

(1) 可靠性，要求探测器报警准确，误报少，故障少。

(2) 工作电压和允差，国标规定工作电压为直流 24 V，允差 $\pm 1$ V。

(3) 响应阈值，指发生火灾时动作响应的最小参数值。如定温探测器在升温速率不超过 1 ℃/min 时，其动作温度应在 54 ℃以上，且不大于以下温度：一级灵敏度为 62 ℃；二级灵敏度 70 ℃；三级灵敏度为 78 ℃。

(4) 灵敏度，指探测器响应火灾参数的灵敏程度。感温、感烟探测器分为三级灵敏度。

### 三、火灾探测器的工作原理

火灾探测器是火灾自动报警装置的关键部件,它好比火灾自动报警及控制系统的"眼睛",火灾自动报警信号是由它发出的。物质燃烧的初期阶段,将伴随着烟雾、热量,同时产生一些可见或不可见的光。而物质由开始燃烧到火势逐渐加大酿成火灾有个过程,探测器的功能就是探测火灾初期燃烧的"信号",并把火灾信号传送给火警控制器。

**1. 红外火焰(或感光)探测器**

在试验光源作用下,红外火焰(或感光)探测器在规定的响应时间内动作,并向火灾报警控制器输出火警信号;具有报警确认灯的探测器应同时启动报警确认灯,并在手动复位前予以保持。

红外火焰(或感光)探测器的工作原理如下。当红外火焰探测器探测到燃烧的火焰时,安装于红外光敏元件前方的红外滤光片只透过红外光辐射,对应的波长为 0.85~1.2 μm。红外光经透镜聚焦在红外光敏元件上,该敏感元件将光信号变换成电信号,经选频放大器鉴别出火焰信号并进行放大。为防止现场其他红外辐射源偶然波动可能引起的误报,通常还要有一个延时电路,持续 1~15 s 才能发出警报。其特点是能响应红外辐射,适用于电缆地沟、坑道、库房、地下铁道、隧道等场所。图 3-5 所示为红外火焰(或感光)探测器的工作原理。

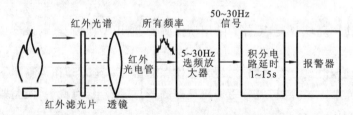

图 3-5 红外火焰(或感光)探测器工作原理图

**2. 感烟探测器**

感烟探测器包括离子感烟探测器、光电感烟探测器。它在试验烟气作用下,向火灾报警控制输出火警信号,并启动探测器报警确认灯;探测器报警确认灯应在手动复位前予以保持。

**3. 感温探测器**

在试验热源作用下,感温探测器向火灾报警控制器输出火警信号,点型探测器报警应启动探测器报警确认灯,并在手动复位前予以保持。感温探测器是对监视范围内某一点或某一线段周围的温度参数(异常高温或异常升温速率)敏感响应的一种火灾探测器。

**4. 智能探测器**

智能探测器内置高性能 CPU(中央处理器),发现异常后先对探测信息作出智能运算和判别,将采样信息及初步处理结果以数字方式传送到控制器进行更高级的分析判断后,才发出火灾报警信号。

**5. 手动报警按钮**

手动报警按钮被触发时,应向报警控制器输出火警信号,同时启动按钮的报警确认灯;手动报警按钮应能手动复位。

**6. 可燃气体报警器**

可燃气体报警器是根据远低于可燃气体爆炸浓度的下限值,就其火灾的危险性而进行报警的,以保证在火灾之前采取通风措施。

## 第四节 火灾报警控制器

火灾报警控制器可以独立构成自动监测报警系统,也可与灭火装置、连锁装置构成火灾自动监控消防系统。

### 一、区域报警控制器(壁挂式)

区域报警控制器是负责对一个报警区域进行火灾监测的自动工作装置。一台区域报警控制器的容量即其所能监测的部位数因产品型号不同而不同,一般为几十个部位。

**1. 区域报警控制器的功能**

区域报警控制器平时巡回检测该报警区内各个部位探测器的工作状态,发现火灾信号或故障信号,及时发出声光警报信号。控制器接收到来自探测器的报警信号后,在本机发出声光报警信号的同时,还将报警信号传送给位于消防控制室内的集中报警控制器。自检按钮用于检查各路报警线路故障(短路或开路),它可模拟火灾信号,检查探测器功能及线路情况是否完好。当有故障时便发出故障报警信号(只进行声光报警,而记忆单元和联动单元不动作)。

(1) 如果是火灾信号,在声光报警的同时,有些区域报警控制器还有联动继电器触点动作,启动某些消防设备的功能。这些消防设备有排烟机、防火门、防火卷帘等。

(2) 如果是故障信号,则只是声光报警,不联动消防设备。

## 2. 区域火灾报警控制器的工作原理

总线制区域火灾报警控制器原理框图如图 3-6 所示。其核心控制器件为 CPU,接通电源后,CPU 立即进入初始化程序,对 CPU 本身及外围电路进行初始化操作。然后转入主程序的执行,对探测器总线上的各探测点进行循环扫描,采集信息,并对采集到的信息进行分析处理。当发现火灾或故障信息,即转入相应的处理程序,发出声光或显示报警,打印起火位置及起火时间等重要数据,同时将这些重要数据存入内存备查,并且还要向集中火灾报警控制器传输火警信息。在处理火警信息时,必须经过多次数据采集确认无误之后,方可发出报警信号。

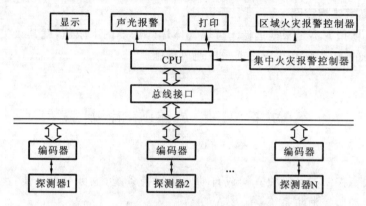

图 3-6 总线制区域火灾报警控制器原理框图

## 3. 单片机控制的区域火灾报警控制器

现代火灾报警控制器为了减少误报,方便安装与调试,降低安装与维修费用,减少连接线数,及时准确地知道发出报警的火灾探测器的确切位置(部位编号),都普遍采用脉冲编码控制系统,组成少线制的总线结构,由微型电子计算机或单片计算机作为主控核心单元,配以存储器和数字接口器件等。因此现代报警控制器有较强的抗干扰能力和灵活应变的能力。

这种区域火灾报警控制器不断向各探测部位的编码探测器发送编码脉冲信号。当该信号与某部位的探测器编码相同时,探测器响应,返回信息,判断该部位是否正常。若正常,则主机继续巡检其他部位的探测器;若不正常,则判断是故障信号还是火警信号,发出对应的声光报警信号,并且将报警信号传送给集中报警控制器。

## 二、集中火灾报警控制器(立柜式)

集中火灾报警控制器的组成与工作原理和上述区域火灾报警控制器基本相同,除了具有声光报警、自检及巡检、记时和电源等主要功能外,还具有扩展了的外控功能,如录音、火警广播、火警电话、火灾事故照明等。

## （一）集中火灾报警控制器的作用

集中火灾报警控制器的作用是将若干个区域报警控制器连成一体，组成一个更大规模的火灾自动报警系统。集中火灾报警控制器原理框图如图3-7所示。

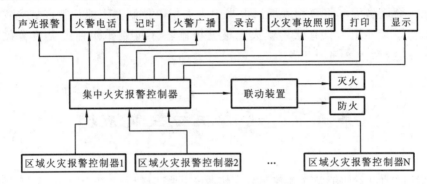

图3-7　集中火灾报警控制器原理框图

## （二）集中火灾报警控制器的基本组成

集中火灾报警控制器是集中报警系统的总控设备。它接收来自区域火灾报警控制器的火灾或故障报警信号，并发出总警报信号。它与区域火灾报警控制器一样，也具有信号采样判别电路、火灾或故障显示、声响电路、电子时钟记忆电路，联动继电器动作电路等。集中火灾报警控制器还有两个独特的功能单元：一个是巡检指令发出单元；另一个是总检指令发出单元。

巡检指令又称为层检指令，它由集中火灾报警控制器发出，对位于各楼层（或防火分区）的区域火灾报警控制器进行巡回检测，提供高电平的开门信号。

总检指令是故障检查指令，是集中火灾报警控制器对各层（各个防火分区）的区域火灾报警控制器发出的系统功能自检指令。

一般集中火灾报警控制器与区域火灾报警控制器一样，电源都是交流220 V、50 Hz，并有直流24 V的稳压电源，环境温度在－10 ℃至＋50 ℃之间，相对湿度在95％以下，总报警容量在1000至10000个部位以上，且随具体产品型号不同而不同。

## （三）集中火灾报警控制器与区域报警控制器的区别

（1）区域火灾报警控制器范围小，可单独使用，而集中火灾报警控制器是监控整个系统，不能单独使用。

（2）区域火灾报警控制器的信号来自各种火灾探测器，而集中火灾报警控制器的输入一般来自区域火灾报警控制器。

（3）区域火灾报警控制器必须具备自检功能，而集中火灾报警控制器应有自检及巡检两种功能。

（4）集中火灾报警控制器都具有消防设备联动控制功能，而区域火灾报警控制器则不是所有的都具备该功能。

鉴于以上区别，两种火灾报警控制器不能互换使用。当监测区域较小时可单独使用一台区域火灾报警控制器。但集中火灾报警控制器不能代替区域火灾报警控制器而单独使用。只有通用型火灾报警控制器才可兼作两种火灾报警控制器使用。

## 第五节 消防联动控制系统

消防联动设备或消防联动控制台在接收火灾报警信号并确认火灾后，根据预先规定的联动程序，对火灾应急广播和报警装置、电梯、应急照明灯、疏散指示灯、切断非消防电源等进行联动控制，并可在消防控制室的联动设备上对消防泵等设备进行自动或人工操作，且能显示联动设备的工作状态和故障状态。

消防水泵、防烟和排烟风机等重要消防设备的可靠性直接关系到消防灭火工作的成效。这些设备除接收火灾探测器发送来的报警信号可自动启动工作外，还应能独立手动控制其启/停，即一旦火灾报警系统失灵也不应影响对它们的控制。

### 一、消防设施联动控制的要求和功能

**（一）消防设施联动控制的要求**

（1）消防设施联动控制对象有灭火设施（消防泵等）、防排烟设施、防火卷帘、防火门、水幕、电梯、非消防电源的断电控制。

（2）消防设施联动控制应根据工程规模、管理体制、功能要求合理确定控制方式。控制方式一般为两种，即集中控制方式和分散与集中相结合方式。无论采用何种控制方式，应将被控对象执行机构的动作信号（反馈信号）送至消防控制室。

（3）容易造成混乱、带来严重后果的控制对象（如电梯、非消防电源及警报等），应由消防控制室集中管理。

**（二）消防设施联动控制的功能**

（1）消防控制设备对室内消火栓系统应有如下控制显示功能：控制消防水泵的启/停；显示启泵按钮的启动的位置；显示消防水泵的工作、故障状态。

(2) 消防控制设备对自动喷水灭火系统应有如下控制显示功能:控制系统的启/停;显示报警阀、闸阀及水流指示器的工作状态;显示喷淋水泵的工作、故障状态。

(3) 消防控制设备对有管网的二氧化碳等灭火系统应有如下控制显示功能:控制系统的紧急启动和切断;由火灾探测器联动的控制设备应具有 30 s 可调的延时;显示系统的手动、自动工作状态;在报警、喷射各阶段,控制室应具有相应的声光报警信号,并能手动切除声响信号;在延时阶段,应能自动关闭防火门、窗,停止通风及空调系统。

(4) 火灾报警后,消防控制设备对联动控制对象应有下列功能:停止有关部位的风机,关闭防火阀,并接收其反馈信号;启动有关部位的防烟、排烟风机,以及正压送风机和排烟阀,并接收其反馈信号。

(5) 火灾确认后,消防控制设备对联动控制对象应有下列功能:关闭有关部位的防火门、防火卷帘,并接收其反馈信号;发出控制信号,强制电梯全部停于首层,并接收其反馈信号;接通火灾事故照明灯和疏散指示灯;切断有关部位的非消防电源。

(6) 火灾确认后,消防控制设备应按顺序接通火灾报警装置。接通顺序为:二层及二层以上楼层着火时,宜先接通着火层及其相邻的上、下层;首层发生火灾,宜先接通本层、二层及地下各层;地下室发生火灾,宜先接通地下各层及首层。

## 二、消防泵、喷洒泵的控制

**1. 消防栓水泵联动控制**

室内消防栓系统水泵启动方式的选择与建筑的规模和给水系统有关,以确保安全、电路设计简单合理为原则。消防泵、喷洒泵联动控制原理框图如图 3-8 所示。收到火警信号后,集中火灾报警控制器联动控制消防泵启动,也可手动控制其启动。同时,水位信号反馈回控制器,作为下一步控制操作的依据之一。

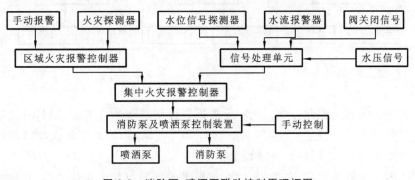

图 3-8 消防泵、喷洒泵联动控制原理框图

## 2. 喷洒泵联动控制

喷洒泵联动控制原理框图如图3-8所示。出现火警后,由于温度升高至60℃以上,使火灾现场的喷淋头内充满热敏液体的玻璃球受热膨胀而破碎,密封垫随之脱落,喷出具有一定压力的水花进行灭火。喷水后有水流流动且水压下降,这些变化分别可经过水流报警器和水压开关转换成电信号,送到集中报警控制器或直接送到喷洒泵控制箱,启动喷洒泵工作,保证喷洒灭火系统具有足够高的水压。

## 三、排烟联动控制

防排烟系统电气控制的设计,是在选定自然排烟、机械排烟、自然与机械排烟并用或机械加压送风方式以后进行。排烟控制有直接控制方式和模块控制方式,图3-9给出了两种控制方式的原理框图。

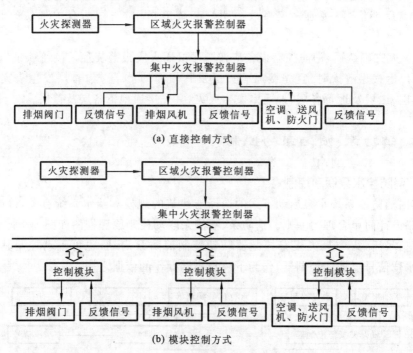

图3-9　排烟联动控制原理框图

图3-9(a)为直接控制方式。集中火灾报警控制器收到火警信号后,直接产生控制信号控制排烟阀门开启,排烟风机启动,空调、送风机、防火门等关闭。同时接收各设备的反馈信号,监测各设备是否工作正常。

图3-9(b)为模块控制方式。集中火灾报警控制器收到火警信号后,发出控制排烟阀门、排烟风机、空调、送风机、防火门等设备动作的一系列指令。在此,输出的控

制指令经总线传输到各控制模块,然后再由各控制模块驱动对应的设备动作。同时,各设备的状态反馈信号也是通过总线传送到集中报警控制器的。

### 四、防火卷帘及防火门的联动控制

防火卷帘通常设置于建筑物中防火分区通道口外,可形成门帘式防火隔离。火灾发生时,防火卷帘根据集中火灾报警控制器发出的指令或手动控制,使其先下降一部分,经一定延时后,卷帘降至地面,从而使人员紧急疏散,火灾区隔火、隔烟,控制烟雾及燃烧过程可能产生的有毒气体扩散并控制火势的蔓延。图3-10为防火卷帘联动控制原理框图。

电动防火门的作用与防火卷帘相同,联动控制的原理也类同。防火门的工作方式有平时不通电、火灾时通电关闭方式,以及平时通电、火灾时断电关闭两种方式。

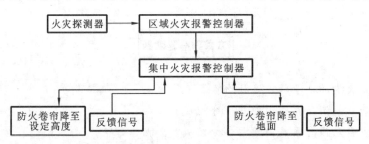

图3-10 防火卷帘联动控制原理框图

### 五、气体灭火系统联动控制

气体灭火系统用于建筑物内需要防水又比较重要的对象,如配电间、通信机房等。通常,气体管网灭火系统通过火灾报警探测器对灭火控制装置进行联动控制,实现自动灭火。图3-11为气体灭火系统联动控制原理框图。

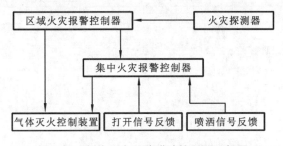

图3-11 气体灭火系统联动控制原理框图

### 六、电梯的联动控制

在火灾确认后,消防控制室应能控制电梯全部停于首层,并接收其反馈信号。

电梯是高层建筑纵向交通的工具,消防电梯是发生火灾时供消防人员扑火和营救人员用的。火灾时,一般电梯没有特殊情况不能作疏散用,因为这时电梯的安全性能不能得到保证。因此,火灾时对电梯的控制一定要安全可靠。

对电梯的控制有两种方式:一种是将所有电梯控制显示的副盘设在控制室,消防值班人员随时可直接控制;另一种做法是消防控制室自行设计电梯控制装置,火灾时,消防值班人员通过控制装置,向电梯机房发出火灾信号和强制电梯全部停于首层的指令。在一些大型公共建筑里,也可利用消防电梯前的感烟探测器直接联动控制电梯,但必须注意感烟探测器误报的危险性。

#### 本章综合思考题

1. 建筑火灾的主要特点是什么?
2. 智能建筑消防系统由哪些部分组成?
3. 火灾自动报警系统由哪些部分组成?如何工作?
4. 简述火灾探测器的类型与选用。
5. 简述火灾报警控制器的工作原理。
6. 简述消防联动控制系统的功能。

# 第四章

# 安全防范系统

**本章学习要点**

- 理解安全防范系统的基本概念
- 熟悉安全防范系统的基本组成和主要功能
- 掌握出入口管制、防盗报警、电视监控等系统的相关内容
- 了解智能建筑防盗报警系统的实例

由于智能建筑的大型化、多功能、高层次和高技术的特点,它的安全防范系统更显得必不可少,而且要求更加智能化,更加完善。

## 第一节 安全防范系统概述

### 一、智能建筑对安全防范系统的要求

智能建筑要求安全防范系统能实现如下功能。

**1. 防范**

不论是对财物、人身或重要数据和情报等的安全保护,都应把防范放在首位。也就是说,安全防范系统使罪犯不可能进入或在企图犯罪时就能察觉,从而采取措施。把罪犯拒之门外的设施主要是机械式的,例如安全栅、防盗门、门障、保险柜等;也有机械电气式的,例如报警门锁、报警防暴门等;还有电气式的各类探测触发器等。为了实现防范的目的,报警系统具有布防和撤防功能,即当工作人员离开时应能布防,例如一扇门,工作人员离开时布了防,当工作人员正常进入以后,则通过开"锁"使系统撤防,这样就不至于产生误报。

**2. 报警**

当发现安全系统受到破坏时,系统应能在安全防范中心和有关地方发出各种特

定的声光报警,并把报警信号通过网络送到有关安全防范部门。

3. 监视与记录

在发生报警的同时,系统应能迅速地把出事的现场图像和声音传送到安全防范中心进行监视,并实时记录下来。另外,系统应有自检和防破坏功能,一旦线路遭到破坏,系统应能触发出报警信号;在某些情况下布防应有适当的延时功能,以免工作人员还在布防区域就发出报警信号,造成误报。

智能建筑的安全防范系统作为智能建筑物管理系统(IBMS)的一个子系统,应该具有受控于IBMS主计算机的功能。

## 二、智能建筑安全防范系统的组成

智能建筑的安全防范系统包括出入口控制系统、防盗报警系统、闭路电视监控系统、电子巡更系统、停车场管理系统、周界防范系统等。

**1. 出入口控制(门禁)系统**

该系统主要是禁止那些从非正常设置的门进入的人进入。有两类情况:一是正常进入,但对人员需加以限制的出入口系统,此系统主要是对进入人员的身份进行辨识;二是针对不正常的强行闯入的出入口系统,此系统主要是通过设定的各种门磁开关等发现闯入者并报警。

**2. 防盗报警系统**

该系统就是利用各种探测装置对建筑重要地点或区域进行布防,当探测装置探测到有人非法侵入时,系统将自动发出报警信号。附设的手动报警装置通常还有紧急按钮、脚踏开关等。

**3. 闭路电视监控系统**

该系统是把事故现场显示并记录下来,以便取得证据和分析案情。显示与记录装置通常与报警系统联动,即当报警系统发现哪里出现事故时,联动装置中的显示与记录装置即跟踪显示并记录事故现场情况。

**4. 电子巡更系统**

该系统一方面是为了保证巡更值班人员能够按巡更程序所规定的路线与时间达到指定的巡更点,进行巡视,不能迟到,更不能绕道;另一方面也是为了充分保护巡更人员自身的安全。

**5. 停车场管理系统**

该系统是利用高度自动化的机电设备对停车场进行安全、快捷、有效的管理,亦即进行车辆进出及存放时间的记录、查询。它既对小区内车辆存放进行管理,也对外来车辆收费进行管理。

**6. 周界防范系统**

该系统是利用高度自动化的电子篱笆和红外对射等阻止周界外的非法入侵。

在设计安全防范系统时选择方案的主要依据是被保护的对象及其重要程度。例如对智能建筑中某些重要文件、情报资料,金融机构的金库、保险柜,安全防范控制中心等的保护就应考虑采取具有高度可靠性的系统,除了有出入口系统外,还要设置多重探测器的防盗报警系统和联动的显示和记录装置,以及要考虑联动装置的反应速度等。

### 三、安全防范系统的类型

为了防止各种犯罪事件,在建筑中设立保安系统是必不可少的。在具有信息自动化和办公自动化的智能大厦内,人员的层次多,成分复杂,不仅要对外部人员进行防范,而且要对内部人员加强管理。对于重要的地点、物品还需要进行特殊的保护。所以,现代建筑需要多层次、立体化的保安系统。从防止罪犯入侵过程考虑,保安系统要提供三个层次的保护。

**1. 外部入侵保护**

外部入侵保护是为了防止无关人员从外部侵入楼内。这一道防线的目的是把罪犯排除在所防卫区域之外。门禁系统是针对一栋楼而言,防止外部非法入侵;而周界防范系统是针对一个小区而言,防止外部非法入侵。

**2. 区域保护**

如果罪犯突破了第一道防线,进入楼内,保安系统则要提供第二个层次的保护——区域保护。这个层次保护的目的是对建筑物某些重要区域进行保护。

**3. 特定目标保护**

第三道防线是对某些特定目标的保护,如保险柜、重要文件等均列为这一层次的保护对象。这是在前两道防卫措施都失效后的又一项防护措施。

总之,现代建筑的保安系统最好在罪犯有侵入的意图和动作时及时发现,以便尽快采取措施。当罪犯侵入防范区域时,保安人员应当通过保安系统了解其活动。当罪犯实施犯罪时,保安系统最后防线应马上起作用。如果所有措施都失效,保安系统还应有事件发生前后的信息记录,以便于帮助有关人员对犯罪经过进行分析。

## 第二节 出入口(门禁)控制系统

出入口(门禁)控制系统将出入者分为两种:一种是对准行者允许通过;另一种

是对禁行者设防禁行。

## 一、门禁控制系统的基本结构

一般的门禁控制系统的结构如图 4-1 所示,基本上由三个层面的设备组成。最基本的层面是与进出门的人员和车辆打交道的辨识装置、电子门锁、可视对讲、出口按钮、报警传感器、门磁开关、报警喇叭等。它们的输出信号送到智能控制器,控制器根据发来的信号和原来存储的信号相比较并作出判断,然后发出处理信息。每个控制器管理着若干个门,可以自成一个独立的门禁系统,多个控制器通过网络与计算机联系起来,构成全楼宇的门禁系统。计算机通过管理软件对系统中的所有信息加以处理。

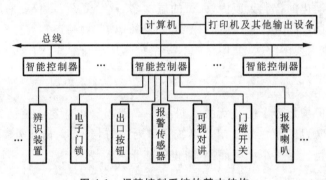

图 4-1　门禁控制系统的基本结构

## 二、门禁控制系统的工作原理

门禁控制系统是对有关人员的出入进行识别及对通道门进行控制的系统,如图 4-2 所示。其工作原理如下。从读卡机、出口按钮接收现场出入口的输入信息,并将信息送入控制器中,控制器检查接收到的信息:若是一个有效的读卡过程或出门按钮信号,则向电动门锁发出开锁信号;若发现为非法卡或检测到"强行闯入"的信号,则控制器向报警器发出报警信号,同时将处理信息传送给上层的管理计算机。

## 三、门禁控制系统的辨识装置

在正常情况下,门禁系统对进入人员身份加以辨识,即系统把进入人员的身份特征和预存的特征相比较,只有与允许进入人员(即受权人)的特征相同者,系统才会让其进入。人员的身份特征很多,可以用密码(如采用密码卡),也可以利用人体

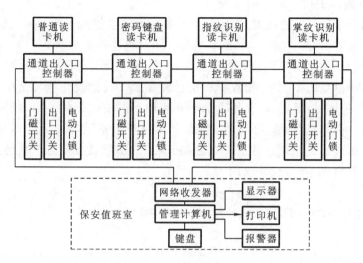

图 4-2　门禁控制系统

生物特征(声音、指纹与掌纹、视网膜等)加以识别。使用密码卡及其辨识装置读卡机成本较低,性能也较高,是目前使用最普遍的辨识系统。

如对安全性有更高要求,则可考虑设置生物辨识系统。以下简要介绍主要的辨识装置。

**1. 磁卡及读卡机**

这是目前最常用的卡片系统,它利用磁感应对磁卡中磁性材料形成的密码进行辨识,与市面上的磁卡电话系统原理相同。磁卡成本低,可随时改变密码,使用相当方便,虽有易被消磁和磨损等缺点,但仍然是目前最普及的卡片,广泛用于各种楼宇的出入口和停车场的管理系统中。

**2. 智能卡及读卡机**

卡片内装有集成电路(IC)和感应线圈,读卡机产生一个特殊的振荡频率,当卡片进入读卡机振荡能量范围时,卡片上感应线圈的感应电动势使 IC 所决定的信号发射到读卡机,读卡机将接收的信号转换成卡片资料,送到控制器加以比较识别。当卡片上的 IC 为 CPU 时,卡片就有了"智能",此时的 IC 卡也称智能卡。智能卡的制造工艺略复杂,但其具有不用在刷卡槽上刷卡、不用换电池、不易被复制、寿命长和使用方便等突出优点,因而是相当理想的卡片系统。

**3. 指纹机**

每个人指纹均不完全相同,因而利用指纹机把进入人员的指纹与原来预存的指纹加以对比辨识,可以达到很高的安全性,但指纹机的造价要比磁卡机或 IC 卡系统高。

**4. 视网膜辨识机**

它利用光学摄像对比原理，比较每个人的视网膜血管分布的差异。这种系统几乎是不可能复制的，安全性高，但技术复杂。同时也还存在着辨识时对人眼不同程度的伤害，人有病时，视网膜血管的分布也有一定变化而影响准确度等不足之处。

在诸多辨识系统中，由于指纹辨识机已经克服了在指纹建档与使用时，手指按压时的压力、位置、放置方法、使用方法和环境的不同而造成的差异，使该系统的安全系数极高。例如有些银行已建立了保险箱指纹辨识系统，200万人的指纹辨识系统也正在广东省公安系统中建立。可见，其未来的发展很有可能取代传统的锁匙、密码和卡片等而成为辨识系统的主流。

### 四、门禁控制系统的计算机管理功能

门禁控制系统的管理是由最上层的计算机管理来实现的，具体完成系统管理、时间管理、事件记录、报表生成和网络通信等五种功能。

**1. 系统管理**

即对系统所有的设备和数据进行管理。包括设备注册、增加或删除控制器、登记卡片或删除无效卡片、设定授权级别、预先设置各个持卡人的授权优先级和权限范围等功能。

**2. 时间管理**

可以设定各个控制器在什么时间可以或不可以允许持卡人通过，哪些卡片在什么时间可以或不可以通过哪些门。

**3. 事件记录**

即在系统正常运行时，对各种出入事件、异常事件及其处理方式进行记录，保存在数据库中，以备日后查询。而数据库的管理功能则是对系统所记录的数据进行转存、备份、存档和读取等处理。

**4. 报表生成**

系统能够根据要求，定时或随机生成打印各种报表。比如，可以查找某个人在某段时间内所有的出入情况，某个通道在某段时间内的出入情况，并生成报表打印出来。

**5. 网络通信**

指出入口控制系统与其他系统可进行信息交换，以便实现联动控制。比如，若有非法闯入时，要向闭路电视监控系统发出信息，使摄像机能监视该现场情况，并进行实时录像。

管理系统除了完成所有要求的功能之外，还应有漂亮、直观、方便的界面，以供操作。

## 第三节 防盗报警系统

防盗报警系统用探测设备对建筑物内的重要地点和区域进行布防,又称防盗报警系统。防盗报警系统可分为自动报警和人工报警两种报警方式。自动报警是通过现场传感器、探测器的信息发出警报;人工报警则是在人员受到威胁或遇到紧急事态需要外部救援时使用的报警方式,如按动紧急按钮或脚踏开关等。

### 一、防盗报警系统的基本结构

防盗报警系统就是负责建筑物内各个点、线、面和区域的探测任务,它一般由探测器、控制器和报警控制中心三个部分组成,其结构如图 4-3 所示。

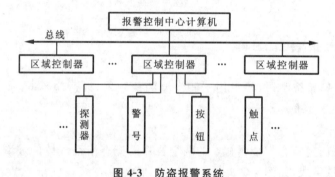

图 4-3 防盗报警系统

图 4-3 中,最底层的是探测和执行设备,它们负责探测非法闯入等异常报警,同时向区域控制器发送信息。区域控制器再向报警控制中心计算机传送所负责区域内的报警情况。控制中心的计算机负责管理整幢楼宇的防盗报警系统,并通过通信接口可受控于 IBMS 的主计算机。

一个有效的电子保安防盗报警系统由以下部分组成(如图 4-4 所示)。

入侵报警探测器(各种类型传感器):在报警系统的前端安装一定数量的各种探测器,负责监视保护区域现场的任何入侵活动。

报警信号的传输系统:将探测器所感应到的入侵信息传送至监控中心。

监控中心:负责监视从各种保护区域送来的探测信息,并经终端设备处理后,以声光形式报警或在报警屏上显示、打印。

报警验证:在较复杂的报警系统中要求对报警信号进行复核,以检验报警的准确性。

出击队伍：根据监控中心的指示，保安人员迅速前往报警地点，抓获入侵者，中断其入侵行为。

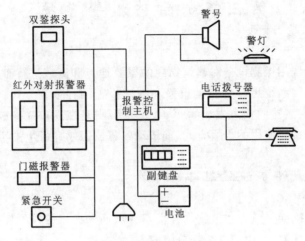

图 4-4　防盗报警系统

## 二、防盗报警探测器

在防盗报警系统中，需要采用不同类型的探测器，以适应不同场所、不同环境、不同地点的探测要求。

### 1. 磁控开关

磁控开关由封装有带金属触点的两个簧片的充有惰性气体的玻璃管（又称干簧管）和一块磁铁组成，如图 4-5 所示。

当磁铁靠近干簧管时，管中带金属触点的两个簧片在磁场作用下被吸合，a、b 两点接通，不报警。当磁铁远离干簧管时，管中带金属触点的两个簧片保持一定距离，干簧管附近磁场消失或减弱，簧片靠本身弹性作用恢复到原位置，则 a、b 两点断开，报警。

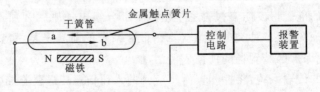

图 4-5　磁控开关报警器结构

### 2. 双鉴报警器

采用一种互补探测技术方法，将两种不同探测原理的探头结合起来，两者都为对方的报警互相做鉴证,经鉴别后才能发出报警信号,比如,微波与超声波探测器组成的双鉴报警器。

### 3. 玻璃破碎报警器

玻璃破碎报警器一般黏附在玻璃上,利用振动传感器(开关触点形式)检测在玻璃破碎时产生 2 kHz 的特殊频率而产生报警信号。它对一般行驶车辆或风吹门、窗产生的振动信号没有响应。

### 4. 主动红外线报警器

它由收、发装置两部分组成。红外发射装置向红外接收装置发射一束红外光束,由接收机接收,此光束如被遮挡,接收装置就发出报警信号。主动红外线报警器用于室内和室外较大的空间,例如,封锁的一排门窗或室外围墙。被动式红外线报警器不向外辐射任何形式的能量,而是采用热释电探测器作为红外探测器件,探测监视活动目标在防范区引起的红外辐射能量的变化,从而启动报警装置。

### 5. 声控报警器

声控报警器用微音器做传感器,用来监测入侵者在防范区域内走动或作案发出的声响,并将此声响转换为电信号经传输线送入报警主控制器。它既可供值班人员对防范区进行直接监听或录音,也可送入报警电路,在现场声响达到一定强度时启动报警装置,发出声光报警。

### 6. 微波报警器

微波报警器是利用超高频的无线电波来进行探测的。探测器发出无线电波,同时接收反射波。当有物体在探测区域移动时,反射波的频率与发射波的频率有差异,两者频率之差称为多普勒频率。探测器是根据多普勒频率来判定探测区域中是否有物体移动的。

### 7. 超声波报警器

超声波报警器与微波报警器一样,都是采用多普勒效应的原理实现的,不同的是它们所采用的波长不一样。

### 8. 周界报警器

周界报警器是用于室外需要周边防护的报警器,一旦有不法分子侵入该防护区域,报警器将产生报警信号。一般有泄露电缆传感器、平行电缆周界传感器、光纤传感器三种。

## 三、报警器的选择

### (一) 各种探测器误报率比较

因各种防盗报警器的工作原理和技术性能的差异,其误报率差异很大,表 4-1 为常见探测器的误报率比较。

表 4-1 探测器误报率比较

| 类别 | 报警器类型 | 误报率 | 可信度 |
|---|---|---|---|
| 单技术探测器 | 超声波报警器<br>微波报警器<br>声控报警器<br>红外报警器 | 4.21% | 低 |
| 双鉴式探测器 | 超声波/被动红外报警器<br>被动红外/被动红外报警器<br>微波/超声波报警器 | 2.70% | 中 |
| | 微波/被动红外报警器 | 1% | 高 |

## (二)防盗报警器适用场合与部位

因各种防盗报警器的工作原理和技术性能的差异,其适用的防护场所和部位有所不同。按适用的防护场所和部位的不同对防盗报警器进行的分类见表 4-2 和表 4-3。

表 4-2 防盗报警器按防护场所分类

| 防护场所 | 适用报警器类型 |
|---|---|
| 点型 | 压力型、平衡磁开关、微动开关报警器 |
| 线型 | 微波、红外及激光遮挡式周界报警器 |
| 面型 | 红外、电视、玻璃破碎报警器 |
| 空间型 | 微波、被动红外、声控、超声波、双技术报警器 |

表 4-3 防盗报警器按防护部位分类

| 防护部位 | 适用报警器类型 |
|---|---|
| 门、窗 | 电视、红外、玻璃破碎、各类开关报警器 |
| 通道 | 电视、微波、红外、开关式报警器 |
| 室内 | 微波、声控、超声波、红外、双鉴报警器 |
| 周界 | 微波、红外周界报警器 |

## 四、防盗报警系统的计算机管理

一个简单的报警系统可由一个现场控制器即一些探测器、声光报警设备等组成。在智能建筑内,防盗报警系统将本地区的报警信息传到信息管理中心,然后由控制中心的计算机来进行数据分析处理,具体原理如图 4-6 所示。

控制中心的软件通常由两部分构成,即网络通信部分和数据库管理部分。网络通信部分,由主机定时产生各种询问信号,对现场的每个控制器的报警及输出联动情况直接进行访问。数据库管理部分,注册(注销)控制器和探测器,定时对控制器和探测器进行自检及对探测区域进行布防和撤防,而且可以设定自动处理程序。

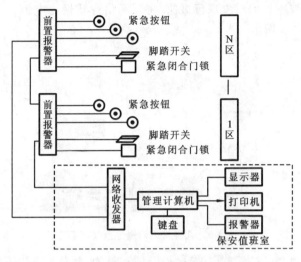

图 4-6　防盗报警系统的计算机管理

## 第四节　闭路电视监控系统

### 一、闭路电视监控系统的组成

闭路电视监控系统一般由摄像、传输、控制、显示与记录四部分组成,各部分之间的关系如图 4-7 所示。

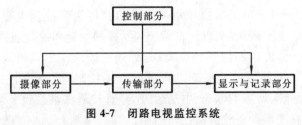

图 4-7　闭路电视监控系统

闭路电视监控系统的主要设备有摄像机、镜头、云台、防护罩、云台镜头控制器、画面处理器、视频放大器、视频运动检测器、监视器和录像机等10种。

（一）摄像部分

摄像部分包括摄像机、镜头、防护罩、支架、云台等，摄像机是摄像部分的主体，其主要任务是对被监控的对象进行摄像，将现场信息转换为电信号。几种常见的摄像监视产品如图4-8所示。

图 4-8　几种常见的摄像监视产品

根据摄像监视产品的性能、功能、使用环境、结构、颜色等有以下分类。

（1）按功能分类：视频报警摄像机，在监视范围内如有目标移动，就能向控制器发出报警信号；广角摄像机，用于监视大范围的场所；针孔摄像机，用于隐蔽监视局部范围。

（2）按性能分类：分为普通摄像机、暗光摄像机、微光摄像机和红外摄像机。

（3）按使用环境分类：分为室内摄像机和室外摄像机。

（4）按结构分类：分为固定式摄像机、可旋转式摄像机、球形摄像机和半球形摄像机。

（5）按图像颜色分类：分为黑白摄像机和彩色摄像机。

（二）传输部分

传输部分一般包括线缆、调制与解调设备、线路驱动设备等。其任务是将摄像机发出的电信号传输到控制中心。

信息传输有两种：一种是将摄像机发出的信息传送到控制中心；另一种是控制中心将控制信号传送到现场，所以传输系统包括视频信号和控制信号的传输。

视频信号的传输可以利用同轴电缆、光纤或双绞线。用双绞线传输时，需要加视频转换适配器。控制信号的传输方式可以直接控制，即控制中心直接把控制量（如云台和变焦距镜头所需的电流、电压信号等）直接送入被控设备，其特点是简单、直观、容易实现，在现场设备较少时比较适用。

## （三）显示与记录部分

显示与记录部分主要包括监视器、硬盘录像机和视频切换器、多画面分割控制器，它将现场摄像机传来的电信号转换成为图像信息显示在监视设备上，并根据要求用硬盘录像机进行信息记录、存储。

硬盘录像机：硬盘录像机是闭路电视监控系统综合记录和重放的装置。

视频切换器：具有画面切换输出、固定画面输出等功能。

多画面分割控制器：具有顺序切换、画中画、多画面输出、显示回放影像、互联摄像机报警显示、点触式暂停画面、报警记录回放，以及时间、日期标题显示等功能。

## （四）控制部分

控制部分主要负责闭路电视监控系统所有设备的控制与图像信号的处理，是闭路电视系统的关键。

**1. 电动变焦镜头的控制**

变焦镜头是在固定成像面的情况下能够连续调整焦距的镜头。它与电动旋转云台组合可以对相当广阔的范围进行监视，而且还可以对该范围内任意部分进行特写。对它的控制有变焦、取焦和光圈三种，每种有长短、远近或开闭两种控制，总计六种控制。

**2. 云台的控制**

云台是闭路电视监控系统中不可缺少的配套设备之一，云台是安装摄像机的支架，对其控制的主要方面是回转范围与旋转速度。

**3. 切换设备的控制**

切换设备的控制一般要求与云台、镜头的控制同步，即切换到哪一路图像，就控制哪一路设备。

## 二、电视监控系统的规模

闭路电视监控系统的规模可根据监视范围的大小、监视目标的多少来确定，闭路监视系统的规模一般由摄像机的数量来划分。

**1. 小型简单闭路电视监控系统**

一般摄像机数量小于10个，由同样的设备叠加成多路，如图4-9所示。

**2. 中型多级闭路电视监控系统**

一般摄像机数量在10～100个范围内。由多个摄像机构成，通过切换器或画面分割器切换到一个监视器上，并通过录像机记录下来，如图4-10所示。监控系统可根据管理需要设置若干级与管理的控制键盘级相应的监视器。

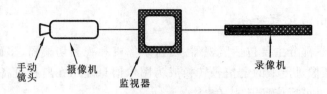

图 4-9　小型闭路电视监控系统

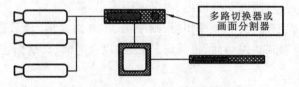

图 4-10　中型闭路电视监控系统

**3. 大型复杂闭路电视监控系统**

一般摄像机数量大于 100 个,由多种设备和配件组成,功能完善,但结构复杂,费用高。它由中型监控系统联网组合而成,系统设总控制器和分控制器进行监控管理,如图 4-11 所示。

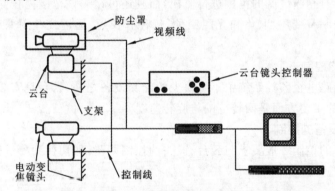

图 4-11　大型闭路电视监控系统

## 第五节　电子巡更系统

现代化智能建筑中,区域和周界的电子防范系统忠实、准确,优点突出。然而目前任何一种先进的安防系统都不能做到 100% 的自动化,无法完全取代人防,所以不能忽视保安人员的作用。为此,在重要的场所更应该设巡更站,定期进行巡逻。

巡更系统可以用微机组成一个独立的系统,也可以纳入大楼或小区的整个监控系统。对于一幢智能化的大厦或一个现代社区来说,巡更管理系统要求与其他系统合并在一起,组成一个完整的自动化系统,这样既合理又经济。目前巡更系统可分为在线式通信方式和离线式通信方式两种。图4-12所示为电子巡更器。

电子巡更系统也是安全防范系统的一个重要部分,在主要通道和重要场所设置巡更点,保安人员按规定的巡逻路线在规定时间到达巡更点进行巡查,在规定的巡逻路线、指定的时间和地点向安保控制中心发回信号。

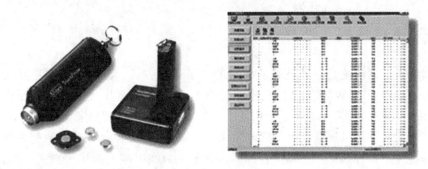

图4-12 电子巡更器

## 一、在线式巡更系统

在线式巡更系统(见图4-13)的各巡更点安装有控制器,通过有线或无线方式与中央控制主机联网,有相应的读入设备,保安人员用接触式或非接触式卡把自己的

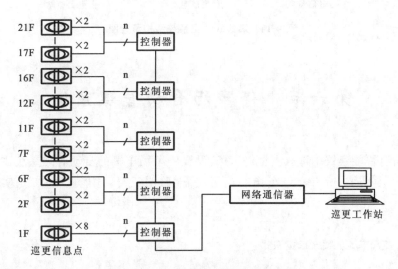

图4-13 在线式巡更系统结构示意图

信息输入控制器送到控制主机。相对于离线式巡更,在线式巡更要考虑布线或其他相关设备,因此,投资较大,一般在需要较大范围的巡更场合较少使用。

不过在线式巡更系统有一个优点是离线式巡更系统所无法取代的,那就是它的实时性好,比如当巡更人员没有在指定的时间到达某个巡更点时,中央管理人员或计算机能立刻警觉并作出相应反应,适合于实时性要求较高的场合。另外,在线式巡更系统也常嵌入到门禁、楼宇对讲等系统中,利用已有的布线体系,节省投资。

## 二、离线式巡更系统

离线式巡更系统是一种被普遍采用的电子巡更方式。这种电子巡更系统由带信息传输接口的手持式巡更器(数据采集器)、金属存储芯片、信息纽扣(预定巡更点)组成,是按照宾馆、厂矿企业和住宅小区等场所的巡更管理要求而开发的。

该系统的使用可提高巡更的管理效率及有效性,能更加合理充分地分配保安力量。通过转换器,可将巡更信息输入电脑,管理人员在电脑上能快速查阅巡更记录,大大降低了保安人员的工作量,并真正实现了保安人员的自我约束、自我管理。将巡更系统与楼宇对讲、周边防盗、电视监控系统结合使用,可互为补充,全面提高安防系统的综合性能,并使整个安防系统更合理、有效、经济。图4-14所示为离线式巡更系统结构示意图。

巡更信息点　　　　巡更信息点　　　　巡更工作站

图4-14　离线式巡更系统结构示意图

# 第六节　停车场自动管理系统

在所有智能建筑中都有大型停车场,设置停车场车辆的自动管理系统主要有两个作用:一是防盗,所有在停车场的车辆均需"验明正身"才能放行;二是实施自动收费。

## 一、停车场建设规则

办公楼:按建筑面积,每10000 $m^2$设置50个小车车位。

住宅:每100户设置20个停车位。

商场:按营业面积,每1000 m² 设置10个停车位。

为了使地面有足够的绿化面积和道路面积,多数大型建筑都在地下室设置停车库。

## 二、停车场管理系统结构

当车辆进入时,首先插入IC卡,系统对该车的有关资料和进入时间进行登记,电动闸门打开,允许车辆进入。当车辆开出时,插入IC卡并按用户密码,系统核对该车的有关资料,当系统认为该车为"合法"时,计算停车时间和费用,并在IC卡中扣除费用,然后开闸放行。对于那些临时停车用户,进入时首先发卡,系统对车辆进行登记,车辆开出时,插入卡,读卡机核对有关资料并送出收费单,只有按单交费后电动闸门才打开放行。图4-15为停车场管理系统示意图。

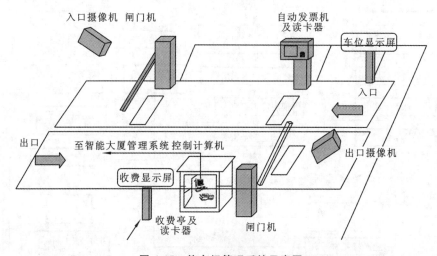

图4-15 停车场管理系统示意图

为了进一步提高安全性,系统还装有闭路电视监控装置。在车辆进入时,闭路电视同时把车辆图像记录下来;车辆开出时,闭路电视把该车图像和进入时的图像对照。只有当IC卡、密码和车辆图像三者一致时才放行,从而大大提高了安全性。

为了证明在插卡后车子已经进场,通常在入口电动闸门内8~10 m处车道下埋装感应线圈(前后安装2~3个),当车辆确实经过了该组线圈,线圈就有感应信号送到计算机加以确认。同时也可利用相同原理,在入口电动闸门前和出口电动闸门内的车道下面埋装感应线圈,在车辆进入和开出前均可发出信号,并可利用此信号启动照相机对进出的车辆拍照。

通过计算机及传感器(线圈、摄像机或红外线探测器等)可以显示车场内车位的实时信息,并对进入的车辆安排车位。

## 三、车辆进场的管理流程

在停车场入口处一般都设有显示牌,显示停车场内的停车情况,当车辆驶近入口时,便可看到停车库指示信息。若车库停车满额,则车库满灯亮,拒绝车辆入库。若停车场有空的车位,则允许车辆进入,但驾车进入必须购买停车票卡或专用停车卡,通过验证后,入口电动栏杆便升起放行。对于有固定车位的车辆无以上限制,司机只需持有停车场管理部发的IC卡或磁卡,验证无误后便可进入停车场。车辆进场的管理流程如图4-16所示。

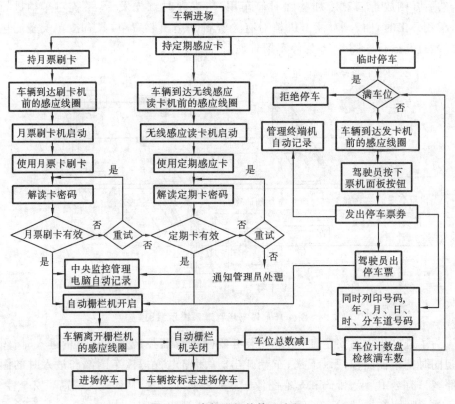

图4-16 车辆进场的管理流程

## 四、车辆出场的管理流程

当车辆出场时,必须通过读卡机验证,验证后会根据驾驶者的权限进行处理。

若是固定车位,车辆验证无误后直接放行。若是临时停车,则在验证后计算停车费,待收费后再放行。对于违章车辆则交给有关部门进行处理。车辆出场的管理流程如图 4-17 所示。

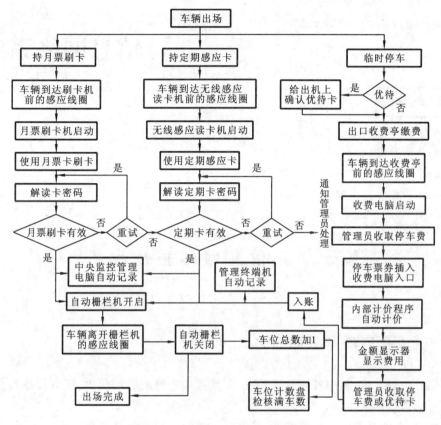

图 4-17　车辆出场的管理流程

本章综合思考题

1. 智能建筑安全防范系统由哪些部分组成？各起什么作用？
2. 简述闭路电视监控系统的作用。
3. 简述防盗报警系统的组成与工作过程。
4. 简述停车场管理系统的原理与流程。

# 第五章

# 信息网络系统

**本章学习要点**

- 掌握信息网络的基本概念
- 熟悉计算机网络的基本组成和主要功能
- 了解常用网络设备的作用
- 熟悉数据库的定义和结构

## 第一节 信息网络系统概述

### 一、信息网络系统的含义

信息网络系统：利用各种通信手段、信息处理手段组成的优质、高效传输各种类型信息的通信网络体系。

信息：指的是利用各种传感器、采集器获得的反映自然界各种现象的可以传递、交流的各种媒体的电子信息。

信息网络：指的是基于信息与通信技术的，用于传递交流，并能加工处理信息的各种电子通信网络。

信息网络化：指的是各行各业的各种信息均通过信息网络来传递与交流。

### 二、信息网络系统的组成及发展趋势

信息网络系统主要由计算机网络、服务器、工作站、集线器、网关、路由器、数据库等网络设备及软件组成。

现代化智能建筑的信息网络系统已经由单纯的数据通信向多元化通信系统发展，其传送的信息业务也朝着数字化、个人化、智能化、宽带化、综合化、移动化等方向发展。

## 第二节 计算机网络

### 一、计算机网络概述

(一) 计算机网络的概念

计算机网络是将地理位置不同、具有"自主"功能的多个计算机通过通信设备和通信介质连接起来的、由功能完善的网络软件控制而实现网络资源共享的系统。

计算机网络涉及以下三个要点。

自主性：一个计算机网络可以包含有多台具有"自主"功能的计算机。

有机连接：所谓的"有机"连接是指连接时彼此必须遵循所规定的约定和规则。这些约定和规则就是通信协议。

以资源共享为基本目的：建立计算机网络主要是为了实现通信的交往、信息资源的交流、计算机分布资源的共享，或者是协同工作。资源共享是网络的最基本特征。

(二) 计算机网络的发展

**1. 第一代计算机网络：面向终端的计算机通信网络**

20世纪50年代中期至60年代末期，计算机技术与通信技术初步结合，将地理上分散的多个终端通过通信线路连接到一台中心计算机上，形成了计算机网络的雏形。此时的计算机网络如图 5-1 所示。

**2. 第二代计算机网络：初级计算机网络**

20世纪60年代末期至70年代后期，计算机网络在通信网络的基础上，完成了计算机网络体系结构与协议的研究，将多个主机通过通信子网以能够互相共享资源为目的互联起来，形成了计算机的初级网络，如图 5-2 所示。

**3. 第三代计算机网络：开放式的标准化计算机网络**

20世纪70年代中期至90年代中期，在开放式网络中，所有的计算机和通信设备都遵循着共同认可的国际标准，从而可以保证不同厂商的网络产品在同一网络中顺利地进行通信，称为 OSI，如图 5-3 所示。

各层的主要功能如下。

物理层：在物理媒体上传输原始的数据比特流。

数据链路层：通过校验、确认和反馈重发等手段将该原始的物理连接改造成无

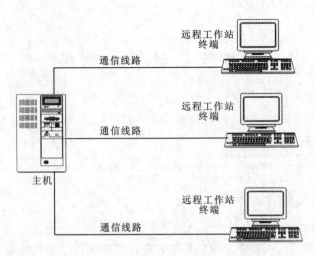

图 5-1 面向终端的网络

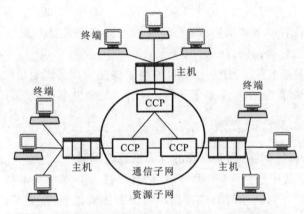

图 5-2 计算机网络的资源子网和通信子网结构示意图

CCP：common communications platform

差错的数据链路。

网络层：解决如何把网络协议数据单元（通常我们称为分组）从源传送到目标的问题。

运输层：为上层用户提供端对端的透明优化的数据传输服务。

会话层：允许不同主机上各种进程之间进行会话。

表示层：为上层用户提供共同需要的数据信息语法表示变换。

应用层：为特定类型的网络应用提供访问 OSI 环境的手段。

**4. 第四代计算机网络：以互联网为代表的、综合性、智能化、宽带高速和安全的计算机网络**

20 世纪 90 年代中期直至现在，计算机网络向全面互连、高速和智能化发展，并

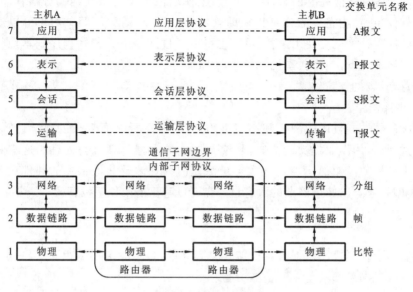

图 5-3　OSI 七层模型

得到广泛的应用。

## 二、计算机网络的特点、资源与功能

### (一) 计算机网络的特点

计算机网络是由多个计算机系统互连而成的一个群体,这些系统在地理上是分散的,如局域网与互联网。

进行通信的每台主机都是独立工作的,它们需要遵循共同的网络协议才能协同工作。

### (二) 计算机网络的资源

计算机网络中的计算机能够共享的资源有以下几种。

**1. 数据资源**

大型计算机上建立的数据库和各种文件中存储着的大量信息资源,如图书资料、经济信息、气象预报、交通服务、专利申请、新闻、电影电视、音乐等,通过计算机网络,这些资源可以被不同地区的人们查询和利用。

**2. 软件资源**

有些专用的软件往往价格昂贵,一般用户无法购置,而在网络中的某些大型计算机上装有各种功能完善的软件,如专用统计软件、大型有限元结构分析程序、用途各异的软件包、功能完善的计算机辅助软件、专用的绘图程序等。用户可以通过网络登录到远程计算机上使用这些软件,也可以通过网络下载某些程序到本地机上使用。在网络环境下,一些共享的网络版软件都可以安装在服务器上供大家调用,而不必在每台机器上都安装。

**3. 硬件资源**

对于硬件性能较低的微机和小型机用户,若需运行大而复杂的数学计算程序,可以通过网络,用作业提交的方式,转交给网上的大型计算机去处理。这实际上是利用了大型机的高速的运算器和大容量高速内存资源及其他相关的硬件设备。此外,通过网络还可以使用网上的大容量磁盘、打印机、绘图仪等设备。

(三) 计算机网络的功能

尽管每个计算机网络都有着很强的应用背景,其功能也不尽相同,但一般而言,大部分计算机网络都具备以下基本功能。

(1) 数据快速传递和集中处理,这是计算机网络最基本功能。

(2) 资源共享,这是计算机网络最具吸引力的功能。资源共享指的是网上用户能部分或全部地享用诸如大型数据库、海量存储器、特殊的外部设备等资源。

(3) 提高资源可用性及可靠性,避免系统崩溃。网络中的各台主机可通过网络相互均衡负载,互为备份。

(4) 实现分布处理,对大型的综合性问题,可将任务交给多台计算机完成,达到分布处理的目的。

## 三、计算机网络的分类

对计算机网络进行分类的标准很多,例如:按拓扑结构分类,按网络协议分类,按信道访问方式分类,按数据的传输方式分类等。本书按网络中各个节点分布距离的长短,可以将计算机网络分为三类,它们的特征参数参见表5-1。

表5-1 各类计算机网络的特征参数

| 网络分类 | 缩写 | 分布距离 | 覆盖的范围 | 传输速率 |
| --- | --- | --- | --- | --- |
| 局域网 | LAN | 100 m<br>1 km<br>10 m | 房间<br>建筑物<br>校园 | 10 Mb/s～10 Gb/s |
| 城域网 | MAN | 10 km | 城市 | 56 kb/s～10 Gb/s |
| 广域网 | WAN | 100～1000 km | 国家 | 56 kb/s～2 Gb/s |

### （一）局域网(local area network，简称 LAN)

局域网就是局部区域内通过高速线路互连而成的较小区域内的计算机网络。在局域网中,所有的计算机及其他互连设备的分布范围一般在有限的地理范围内,因此,局域网的本质特征是分布距离短、数据传输速度快。目前,应用最多的是共享式局域网和交换式局域网两种类型。

### （二）城域网(metropolitan area network，简称 MAN)

城域网又名都市网,其覆盖的地理范围可以从几十公里到几百公里。人们通常使用 WAN 的技术去构建与 MAN 目标范围及大小相当的网络。

### （三）广域网(wide area network，简称 WAN)

广域网又称"远程网"。广域网覆盖的地理范围可以从几十公里到上千公里,甚至是上万公里,因此,可跨越城市、地区、国家甚至几个大洲。广域网的通信子网可以利用各种公共网络。

## 四、计算机网络结构

我们可以从传统计算机网络结构和现代计算机网络结构两个层面去认识计算机网络的结构。

### （一）传统计算机网络结构

计算机网络技术是计算机处理技术和通信技术的结合,因此,从传统观点看,计算机网络的基本结构按照逻辑功能可以划分为数据处理与数据通信两大部分,即分为资源子网和通信子网两部分,图 5-4 所示为传统计算机网络结构。

**1. 计算机资源子网**

如图 5-4 所示,资源子网由拥有资源的主机系统、请求资源与服务的用户终端、终端控制器、通信子网的接口设备、软件资源、硬件共享资源和数据资源等组成。其中主机(host)可以是大型机、中型机、小型机、工作站或者微型机(PC);而终端(terminal)可以是微型机或无盘工作站;网络中的共享设备则是一些比较昂贵的设备,比如绘图仪、传真机、打印机等。

资源子网的基本功能是负责全网的数据处理业务,并向网络客户提供各种网络资源和网络服务。

**2. 计算机通信子网**

从硬件角度看,通信子网由路由器、通信线路和其他通信设备(如通信控制处理

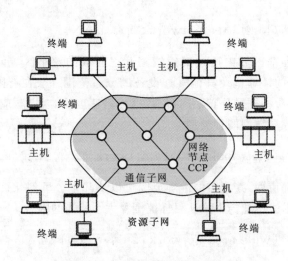

图 5-4　传统计算机网络的基本结构

机)组成。

通信子网的基本功能是提供网络通信功能,完成全网主机之间的数据传输、交换、控制和变换等通信任务,负责全网的数据传输、转发及通信处理等工作。

早期的计算机网络结构如图 5-4 所示。但是,随着计算机技术的飞速发展,更多的用户是通过局域网接入广域网,进而接入 Internet,而不是通过大型主机接入广域网。因此,实际的计算机网络结构如图 5-5 所示,计算机网络的实际结构,依然由通信子网和资源子网组成。

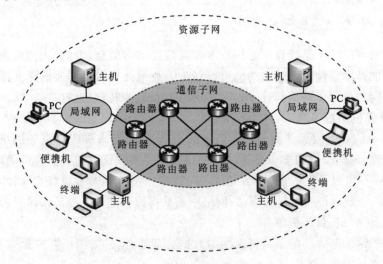

图 5-5　计算机网络的实际结构

## (二) 现代计算机网络结构

随着微型计算机的广泛应用,大量的个人计算机通过局域网、电话网、电视网、电力网或无线网等连入广域网,进而接入 Internet。在 Internet 中,各种网络之间逐级连接后,就形成了由路由器和 TCP/IP 协议互联而成的大型的、多层次结构的互联网网络结构(如图 5-6 所示)。

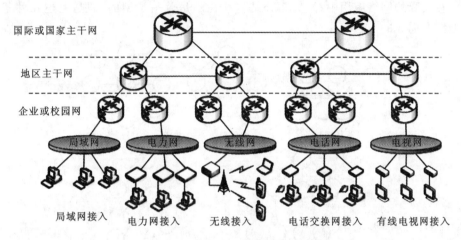

图 5-6 现代计算机网络的基本结构

现代的网络结构主要指 Internet 网络的物理结构。Internet 又称"网络的网络",它是由各种类型的网络通过路由器,以及统一的 TCP/IP 协议互联而成的世界范围内的公用网络。

在现代网络的网络结构的支撑下,为了实现全面互联,共享信息资源,近期的目标就是"三网"互联,又称"三网合一"。

## 五、计算机网络拓扑结构

### (一) 计算机网络拓扑的定义

**1. 拓扑结构**

拓扑结构先把实体抽象为与其大小、形状无关的"点",并将连接实体的线路抽象为"线",进而研究点、线、面之间的图形关系。

**2. 计算机网络拓扑的定义**

我们将通信子网中的通信处理机和其他通信设备抽象为节点,把通信线路抽象为线路,而将节点和线路连接而成的几何图形称为网络的拓扑结构。

**3. 网络拓扑的用途**

网络拓扑的设计选型是计算机网络设计的第一步。网络拓扑结构的选择将直接关系到网络的性能、系统可靠性、通信和投资费用等。

**（二）网络拓扑结构的分类**

常见的基本拓扑结构有总线型、星型、环型、树型和网状型等，如图5-7所示。

在实际的网络应用中，网络拓扑结构往往不是单一类型的，而是上述几种基本类型混合而成的。

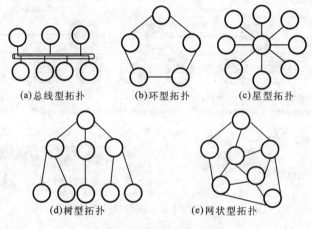

图 5-7　常见的网络拓扑结构

## 第三节　网络设备

常见的网络设备有服务器、工作站、集线器、网关、路由器等。

### 一、服务器

服务器（server）是指能向网络用户提供特定服务的软件与硬件。

服务器的作用：为网络提供特定的服务。而人们通常会以服务器提供的服务来对其命名，如数据库服务器、打印服务器、Web服务器、VOD（视频点播）服务器、E-mail服务器等。

服务器的组成：服务器是硬件与软件的统一体。网络服务器是网络中最关键的设备，它向网络上的所有用户提供系统资源和服务，必须具有较高的性能。网络服务器的性能对整个网络的共享性能有着决定性的影响。

选择服务器时要考虑以下几个方面:CPU体系结构,内存容量和性能,磁盘容量和性能,网络接口性能,总线结构,容错性能,操作系统。

根据网络系统的应用规模,服务器可选用高档微机、UNIX工作站、小型机、超级小型机或大型机等。

## 二、工作站

工作站即连接到计算机网络上的用户端计算机。

工作站的分类:工作站分为有盘工作站和无盘工作站。其中有盘工作站不联网时是一台独立的计算机;而无盘工作站必须依赖网络服务器来进行工作。

工作站的选择:计算机市场出售的各种台式机、便携式计算机,在安装了合适的软件后都可以作为网络工作站使用。

## 三、集线器、网关和路由器

**1. 集线器**

集线器用于信号的再生与转发,一般不带管理功能,没有容错能力;它提供8～24个RJ45端口,可以同时连接粗缆、细缆和双绞线,用于星型拓扑结构的连接。

**2. 网关**

网关在传输层及以上实现异构网络的互联,连接类型完全不同的网络。其主要功能是进行报文格式转换、地址映射、网络协议转换等。

**3. 路由器**

路由器在网络层上实现网络的互联,连接两个以上的局域网。其功能包括过滤、路径选择、流量管理、介质转换等,在不同的多个网络之间存储和转发分组,把数据正确地传送到下一个网段上。常见集线器和路由器的外观如图5-8所示。

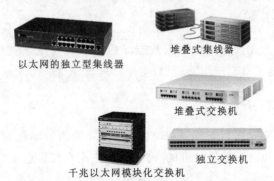

图5-8 常见的集线器和路由器

# 第四节 数 据 库

## 一、数据库的定义

数据库是存储在一起的相关数据的集合。通俗地讲,数据库是组织、存储、管理数据的电子仓库。

数据库的数据是结构化的数据,冗余度小;是共享的数据,具有较高的程序独立性和多样性。

### (一)数据库管理系统

数据库管理系统是位于用户与操作系统之间的一层数据管理软件,它帮助用户建立、使用和管理数据库,简称为 DBMS(data base management system)。DBMS 使用户能方便地定义和操纵数据,并能够保证数据的安全性、完整性、并发性及发生故障后的系统恢复。在数据库系统中,由 DBMS 集中统一管理整个组织的全部数据,统一管理和控制数据库系统的运行。

DBMS 通常由下列三部分构成。

数据描述语言(DDL),用来描述数据库的结构,供用户建立数据库。

数据操作语言(DML),供用户对数据库进行数据的查询(包括检索与统计)和存储(包括增、删、改)等操作。

其他管理和控制程序,例如安全、通信控制以及工作日志等公用管理程序。

### (二)数据库系统

数据库系统是指在计算机中引入数据库后的系统构成,一般由数据库、数据库管理系统(及其开发工具)、应用系统、数据库管理员和用户构成。

### (三)数据库技术

数据库技术是建立在数据库基础之上的,研究如何科学地组织和存储数据,如何高效地检索数据和进行数据处理的一门学科,它是当代信息系统的基础。

## 二、数据库系统体系结构

目前基本上形成了两种常用的数据库体系结构。客户/服务器结构的数据库系统(client/server,简称 C/S),主要用于企业内部信息的加工处理;浏览器/服务器结构的数据库系统(browser/server,简称 B/S),主要用于互联网上的数据、信息的浏览、查询。

### (一)客户/服务器结构的数据库系统

客户/服务器数据库系统实际上是一种分布式应用系统,其特点是数据库管理系统装在服务器中,把数据存储与检索交给服务器处理;应用逻辑和用户界面功能分布在众多的客户端中。客户端与服务器之间采用网络协议连接和通信,由客户端发出各种请求,服务器进行相应处理后送回各客户端。

因此,客户/服务器数据库系统是在局域网环境下,合理、有序地进行分布式处理的一种两层体系结构,客户群称为表示层,服务器称为数据存储层,如图 5-9 所示。

在 C/S 体系结构中,数据库存放在服务器端,客户可以访问服务器上的数据库,数据库应用的处理过程分布在客户机和服务器上,其优点是数据集中存储,便于维护与备份,对客户要求相对较低。

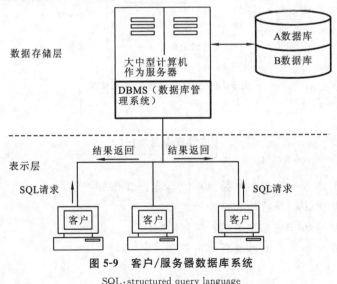

图 5-9 客户/服务器数据库系统

SQL:structured query language

### (二)浏览器/服务器结构的数据库系统

浏览器/服务器结构的数据库系统在 C/S 结构的基础上,将客户端的应用程序全部移到服务器端,前端采用浏览器即可方便地调用后台的数据库处理程序。

浏览器/服务器数据库结构又叫三层(多层)数据库体系结构,是数据库系统为适应互联网/局域网的广泛应用,是对两层客户/服务器结构的继承和发展。三层分别是表示层、逻辑处理层和数据层(如图5-10所示)。

B/S结构的数据库系统相比C/S结构的数据库系统来说,具有以下优点。

(1) 简化系统的管理。由于客户端不用安装程序,当系统改动或升级时,只需在服务器端设置,客户端不需作任何设置,因此节省了系统的维护费用和工作量。

(2) 操作简单。前端客户程序以浏览器为载体,操作上与浏览器风格相同,用户会使用浏览器,就可以非常快地学会应用软件的操作。

(3) 系统扩展性强,易于与互联网的信息交互。

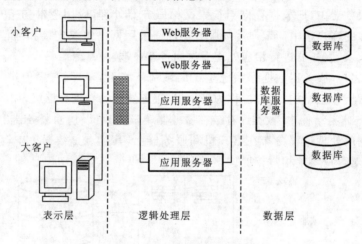

图 5-10 三层数据库的体系结构

## 本章综合思考题

1. 信息网络系统由哪些部分组成?各起什么作用?
2. 计算机网络拓扑结构有哪几种类型?
3. 计算机网络有哪几种类型?
4. 什么是数据库?数据库的作用是什么?

# 第六章

# 通信网络系统

**本章学习要点**

- 了解通信网络系统的基本组成
- 熟悉通信网络系统的组成及主要功能

## 第一节 通信网络系统概述

通信实际上是由一地向另一地传送含有信息的消息。通信中所传递的消息,有各种不同的形式,如符号、文字、语言、数据等,因而根据所传递消息的类别,通信业务分为电报、电话、数据传输及可视电话等。图6-1所示为通信系统的一般框图。

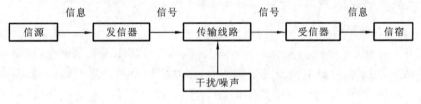

图6-1 通信系统的一般框图

### 一、通信系统的分类

(一)按照传输媒质分类

**1. 有线通信**

消息的传输是用"导线"作为传输媒质来进行通信的。图6-2所示为有线通信系统的示意图。

**2. 无线通信**

无线通信不需要架设线路,它通过无线电波在空间传播来传递消息。话筒的声

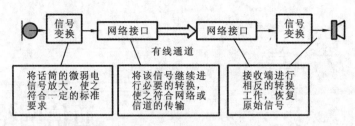

图 6-2 有线通信系统的示意图

电转换器把语音变成电信号,经电台用高频(射频)振荡信号"运载"低频语音信号,然后再辐射出去。这一过程称为调制。高频振荡波称为载波。在接收端收到已调制的高频信号时,要将有用的低频语音信号分离出来(解调),再经扬声器的声电转换恢复为原始语音信号。由于信号较弱,在两端均有放大环节。图 6-3 所示为无线通信系统的示意图。

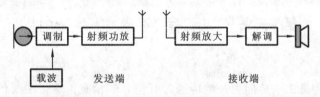

图 6-3 无线通信系统的示意图

(二)按照传输信号分类

**1. 数字通信系统**

图 6-4 所示为数字通信系统。其中,信源编码尽可能压缩冗余信息,使要发送的信息量减少;信道编码针对信道的干扰和噪声,对要传输的信息进行编码,提高信息传输的可靠性;信道解码负责按照编码规则进行检查和纠正错误;信源解码负责恢复原始信息。

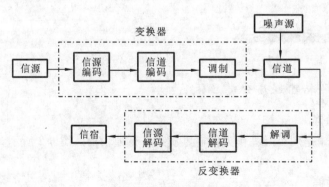

图 6-4 数字通信系统

## 2. 模拟通信系统

图 6-5 所示为模拟通信系统。与数字系统相比，模拟系统的主要优点是频带利用率高；缺点是抗干扰能力差，不易保密，设备不易大规模集成，不适应飞速发展的计算机通信要求等。

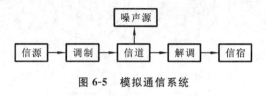

图 6-5　模拟通信系统

## 二、电缆通信与微波中继通信

电缆通信是较早发展起来的通信手段，用于长途通信已有 60 年历史，在有线通信中占有突出地位。

微波中继通信是 20 世纪 60 年代发展起来的，它弥补了电缆通信的缺点。微波中继通信分为模拟微波中继通信和数字微波中继通信两类。模拟微波中继通信虽然出现早、技术成熟，但正逐渐被数字微波中继通信所取代。目前数字微波中继通信已成为通信领域中一种重要的传输手段，并与卫星通信、光纤通信一起成为当今三大通信传输技术。图 6-6 所示为微波中继通信系统示意图。

图 6-6　微波中继通信系统示意图

## 三、光纤通信

光纤通信与电缆通信相比具有容量大、传输距离长、抗电磁干扰性能好等优点，并可以大量节省有色金属。光纤的全称是光导纤维，是用石英玻璃制成的纤维丝（直径约 0.1 mm），在实际应用中，几条或几百条光纤绞合成光缆，其结构如图 6-7 所示。光纤通信系统示意图如图 6-8 所示。

光纤通信的优点如下：

### 1. 传输频带宽、通信容量大

载波频率越高，通信容量越大。目前使用的光波频率比微波频率高出百倍，通

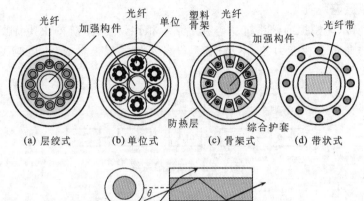

图 6-7 光纤的结构示意图

图 6-8 光纤通信系统示意图

信容量可增加 $10^3 \sim 10^4$ 倍。光纤通信适合于高速、宽带信息的传输。

**2. 损耗低、中继距离远**

目前制造的石英玻璃纤维丝纯净度极高,故其损耗极低。从而在通信线路中可以减少中继站数量,达到 100 km 以上的无中继传输距离。同样速率的同轴电缆通信,无中继站距离仅为 1.6 km 左右。

**3. 抗干扰能力强、无串话**

光纤是非导体,无电感,不受电磁干扰。因而在光纤通信中不存在串话现象。

**4. 保密性强**

光纤内传播的光波基本不辐射,难以窃听,所以光纤通信和其他通信方式相比有更好的保密性。

**5. 线径细、重量轻**

光纤直径很小,制成光缆比电缆细而轻,便于敷设。

## 四、卫星通信

卫星通信的特点是通信距离远,覆盖面广,不受地形条件限制,传输容量大,可靠性高。卫星通信系统是一个以卫星为中继站,实现各个地面站间通信的系统。图 6-9 所示为卫星通信系统示意图。

卫星通信系统根据轨道的不同可分为同步轨道和中、低轨道系统,但系统基本

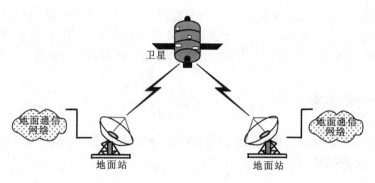

图 6-9 卫星通信系统示意图

结构相同。同步轨道是卫星处于地球赤道上空 35860 km 处的圆形轨道,卫星在这个轨道上绕地球一周的时间恰好为 24 h,卫星与地球处于相对静止状态,两者同步运行,这种卫星也称为同步地球卫星。图 6-10 所示为卫星通信系统结构示意图。

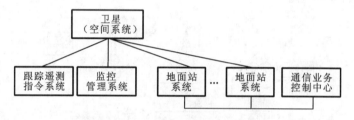

图 6-10 卫星通信系统结构示意图

三颗同步卫星可覆盖地球表面除极地以外的地区,实现全球通信。覆盖区域如图 6-11 所示。

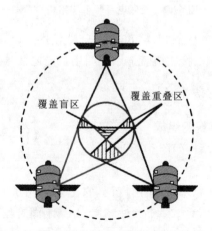

图 6-11 同步卫星建立全球通信示意图

每两颗相邻卫星都有一定的重叠覆盖区,但南、北两极地区则为盲区。目前正在使用的国际通信卫星系统就是按这个原理建立的,其卫星分别位于大西洋、印度洋和太平洋上空。其中,印度洋卫星能覆盖我国的全部领土,太平洋卫星覆盖我国的东部地区,即我国东部地区处在印度洋卫星和太平洋卫星的重叠覆盖区中。

### 五、移动通信

移动通信是现代通信中发展最为迅速的一种通信手段,它是固定通信的延伸,也是实现人类理想通信必不可少的手段。

#### (一)无线电寻呼系统

无线寻呼系统(radio paging system)是一种单向传输指令的选择呼叫系统,是一种费用低廉、使用方便、易于普及的个人移动通信业务系统。图6-12所示为无线电寻呼系统结构示意图。

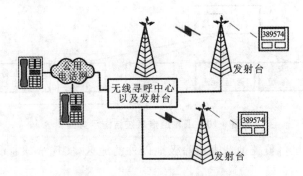

图6-12　无线电寻呼系统结构示意图

寻呼中心与市公用电话网相连,市话用户要寻找外出用户时,通过寻呼中心发出被呼用户的号码,用户的接收机就显示呼叫用户的电话号码及简单的内容。

#### (二)公用移动电话系统

**1. 公用移动电话系统的组成**

公用移动电话系统结构如图6-13所示。

**2. 移动通信系统**

当前,移动通信系统(GSM)应用广泛,它主要采用了时分多址(TDMA)技术。时分多址技术是多个用户共享一个载波频率,分享不同时隙。TDMA系统的数据传递是不连续的,是分组发射的,可以关闭。移动通信系统不连续发送,可以利用空闲时隙监听其他基站,实现切换处理。移动通信系统需要自适应均衡,需要保护时隙。分组发射需要额外的系统开销,如保护数据同步,按照不同的用户提供不同的带宽。

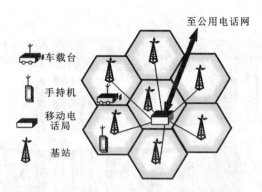

图 6-13 公共移动电话系统结构示意图

TDMA 的效率是指发射的数据中信息所占的百分比。

现代移动通信系统组成如图 6-14 所示,包括移动台、无线基站、移动交换中心等设备,形成覆盖范围大小不一的蜂窝小区,如图 6-15 所示。移动用户在使用手机移动过程中可能要不断切换小区甚至漫游。实际的无线区划和组成如图 6-16 所示。

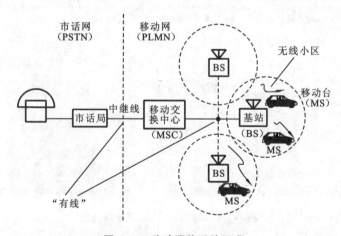

图 6-14 移动通信系统组成

### 3. 第三代移动通信系统(3G)

随着用户对移动通信要求的不断提高,移动通信不断发展,第三代移动通信系统已被提出,它将取代目前的 GSM 或窄带码分多址(CDMA)系统。3G 系统网络划分为核心网和接入网。接入网负责将用户通过无线通信手段接入核心网,核心网负责提供业务、鉴权等服务。

码分多址就是利用不同的地址码型来区分用户的一种移动通信系统。各用户用不相同的、相互正(准)交的地址码调制其发送信号,在接收端利用地址识别(相关检测),从传输的信号中选出相应的信号。CDMA 采用的扩频多址(SSMA)技术所传信号的带宽必须远大于信息的带宽,而且所产生的射频信号的带宽与所传信息无

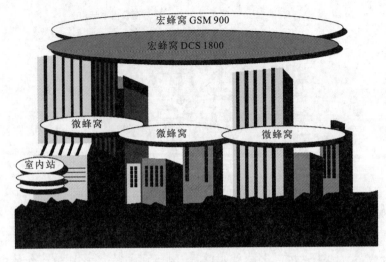

图 6-15　GSM 蜂窝覆盖示意图

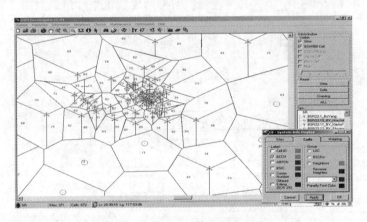

图 6-16　实际的无线区划和组成

关。这就是扩频通信的基本原理,就是用频带换取信噪比。

3G 网络还有以下特点。

(1) 第二代移动通信系统一般为区域或国家标准,而第三代移动通信系统将是一个在全球范围覆盖和使用的系统。

(2) 具有支持多媒体业务能力,特别是支持互联网业务。

(3) 快速移动环境,最高速率达 144 kbit/s;步行环境,最高速率可达 2 Mbit/s。

(4) 便于过渡、演进。

(5) 高频谱效率。

(6) 高服务质量,低成本,高保密性。

## （三）集群系统

集群系统是集群移动通信系统的简称，属于调度性专用网。集群包含两个方面：一是将各单位或各部门所需的基站及控制设备，集中建站、统一管理、统一使用，各单位只需建立各自的调度台、调度终端；二是多信道共用，采取动态分配空闲信道的方式，充分利用频率资源和信道设备。

## （四）无绳电话系统

普通电话机不能随便移动，利用无绳电话可以使打电话的人在一定范围内自由地移动并进行通话。图 6-17 所示为无绳电话系统结构示意图。

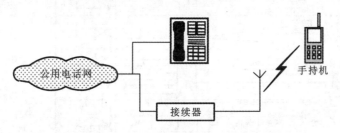

图 6-17　无绳电话系统结构示意图

# 第二节　智能建筑通信网络系统

## 一、智能建筑通信网络系统的基本架构

智能建筑通信网络系统包括数字程控交换机、无线通信系统、卫星通信系统、有线广播系统、视频会议系统等。通信网络系统是建筑物区域内语音、数据、图像传输的基础设施，又与外部通信网络（公用电话网、综合业务数字网、计算机互联网、数据通信网及卫星通信网等）相连，可确保建筑物区域内外信息的畅通和实现信息共享，满足智能建筑区域内用户的全方位的服务需求。

智能建筑的通信网络系统基本架构如图 6-18 所示。

## 二、智能建筑通信网络系统应遵循的原则

智能建筑通信网络系统应遵循以下原则。

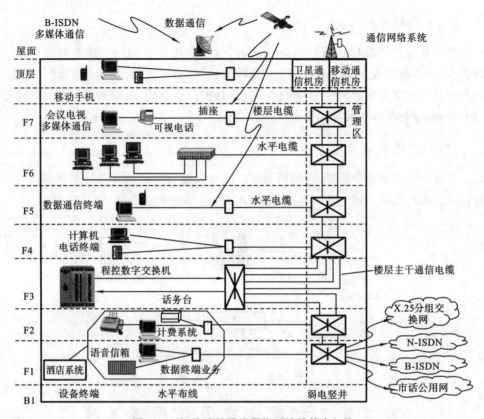

图 6-18 智能建筑通信网络系统的基本架构

(1) 先进性：采用先进的通信设备，能够承载和交换各种信息并将其介入公共用户。

(2) 经济性：为了以最小的投入获得最大的回报，应充分考虑构建成本。

(3) 普遍性：布线考虑公共用户情况，以可接收的价格向用户提供不同的接入服务的方法。

(4) 可扩充性：充分留有扩充余地，以适应需求的变化。

(5) 安全性及可管理性：智能建筑通信系统布线要保证整个系统通信的可管理性和整个系统的安全性、可靠性。

(6) 统一性：根据基础设施建设方案及规划，科学地统一建设。

## 三、通信网络系统的组成

通信网络系统由用户终端、转接交换设备和传输链路组成。

**1. 用户终端设备**

通信网络系统的源点和终点称为终端设备。终端设备的主要功能是把待发送的信息和在信道上传送的信号相互转换。不同的业务网络有不同的终端设备。例如,电话网的终端设备是电话机,数据网的终端设备是数据终端、计算机等。

**2. 转接交换设备**

转接交换设备是通信网络系统的核心,其功能是完成接入点链路的汇接、转接、接续和分配。不同的业务网络对交换设备的性能要求不同,交换方式有电路交换和分组交换两种。传统电话网采用电路交换方式;而数据业务网络则是采用存储转发的分组交换方式。随着技术的进步,出现了不同业务网络相互兼容的局面,分组交换方式大有取代电路交换方式的趋势。

**3. 传输链路**

传输链路是网络结点的连接媒介,是信息和信号的传输通路。它包括通信网络系统模型中的信道部分以及一部分变换和反变换装置。传输链路的实现方式很多,线路是最简单的传输链路,如电缆、光缆等。另外,光纤传输系统、数字微波传输系统、脉冲编码调制系统及载波传输系统等均是通信网络系统传输链路的实现方式。

## 第三节 程控数字交换机的功能

典型的程控数字用户交换机的配置及结构如图 6-19 所示。

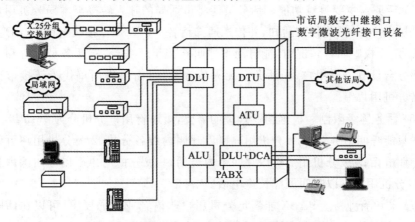

图 6-19 典型程控数字用户交换机的配置及结构

DLU:显示逻辑装置;DTU:数据传输单元;ATU:辅助测试装置;
ALU:算术逻辑单元;DCA:动态信道分配

程控数字用户交换机系统具有极强的组网功能,可提供各种接口的信令,具有灵活的分组编码方案,以及预选、直达、迂回路由和优选服务等级等功能。除了具有通常的多种模拟信号中继线外,还具有速率为2.048 Mbps的数字中继,可提供中国一号信令、CCITT No.07信令、环路、ISDN信令,能以全自动直拨中继方式(DOD＋DID)接入公用电话网。

程控数字用户交换机的主要功能有以下几个。

(1) 集中型用户交换机分割成若干"虚拟"用户交换机的功能。根据建筑物内各使用单位的需要,通过修改软件库分割成许多个"虚拟"用户小交换机,各"虚拟"用户小交换机具备各自独立的小话务台、中继线、编号方案,各自的通话相互隔离、互不干扰。而不同"虚拟"用户小用户交换机之间的通话需通过各自话务台转接,相当于出局呼叫。

这种功能的交换机特别适合于办公写字楼建筑。

(2) 内部呼叫功能。内部分机用户之间的呼叫,在主叫用户摘机听到拨号音后,拨被叫分机号码,用户交换机自动完成接续。当被叫分机用户听到话机振铃后,摘机、应答内部分机,用户间接续完成。

(3) 出局呼叫功能。分为程控用户交换机(PABX)从市话局用户级入网的中继方式和PABX从市话局选组级入网的接续方式两种。

(4) 直接拨入分机专线。用户交换机中的某一台话机具有双重性,它具备内部电话的功能,可直接进行内部分机之间的直接呼叫,同时该话机通过交换机软件编程后,中继线直接接到市话网络上。

(5) 话务台主要接续功能。话务员能将市话局的呼入转接至本局分机用户。遇到该分机用户忙时,能接入通知,并传送通知话音。PABX在接续过程中,如遇空号、临时改号、无权呼叫等情况时,能自动将呼叫转接至话务台,有话务员代答和录音辅助。话务台设有值班用户,在话务台无人值守时,可由值班用户代为转接市话呼入至所需分机用户等。

(6) 话务等级限制。根据物业管理的需要,可以将用户分机分为0～5级:0级分机用户只能呼叫话务台;1级分机用户可以呼叫内线各分机;2级分机用户可以呼叫某些专业电话;3级分机用户可以呼叫市内电话;4级分机用户可以呼叫国内长途电话;5级分机用户可以呼叫国际长途电话。

(7) 非语音业务。PABX能满足分机用户非语音业务的要求,可以在话路频带内开放传真和数据业务,并能保证非语音业务不被其他呼叫插入和中断。

(8) 维修测试和故障检测功能。

## 第四节 电缆电视系统

电缆电视（CATV）是采用同轴电缆（含光缆）作为传输媒介将电视信号通过电视分配网络传送给用户。

### 一、电缆电视系统组成

电缆电视系统通常由三个主要部分组成：前端系统、干线传输系统、分配系统（如图6-20所示）。

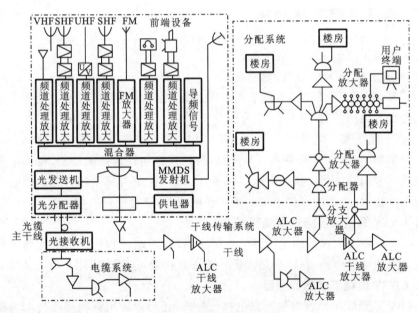

图6-20 电缆电视系统组成

**1. 前端系统**

前端系统是CATV系统最主要的组成部分之一，如果前端信号质量不好，则后面其他部分一般来说是难以补救的。前端系统主要功能是进行信号的接收和处理。包括信号的接收，放大，信号频率的配置，信号电平的控制，干扰信号的抑制，信号频谱分量的控制，信号的编码等。交互式电视系统还要加有加密装置和PC机管理及调制解调设备等。

**2. 干线传输系统**

干线传输系统的功能是控制信号传输过程中的劣变程度。干线放大器的增益应正好抵消电缆的衰减，既不放大也不减小。干线设备除了干线放大器外，还有电源和电流通过型分支器、分配器及干线电视电缆等。对于长距离传输的干线系统还要采用光缆传输设备，即光发送机、光分波器、光合波器、光接收机、光缆等。

**3. 分配系统**

分配系统的功能是将电视信号通过电缆分配到每个用户，在分配过程中需保证每个用户的信号质量，即用户能选择到所需要的频道并能准确无误地解密或解码。对于双向电缆电视还需要将上行信号正确地传输到前端。分配系统的主要设备有分配放大器、分支分配器、用户终端、机上变换器。双向电缆电视系统还有调制解调器和数据终端等设备。

## 二、电缆电视系统功能

电缆电视系统的主要功能有以下几个。

**1. 解决电视"弱场强区"的信号接收**

CATV 系统利用架设高增益电视接收天线，接收的电视信号通过低噪声放大器传输到分配系统中的每一个用户。

**2. 抗干扰性强**

对于重影干扰，CATV 系统可采用高增益、强方向性天线来抑制，也可采用抗重影接收技术来消除重影干扰。对电气干扰，CATV 系统可采用各种滤波器将频道外的干扰电波滤除，大大地减少电气的干扰影响，从而获得较好的收看效果。

**3. CATV 系统电视信号系统容量大**

目前大中城市内都采用了闭路电视接收系统，本地区和外省市地区的电视信号由当地的有线电视台接收后，采用光纤传输方式传输，这是个人用户所无法达到的。

**4. CATV 具有丰富的节目源**

CATV 系统除了接收当地开路电视信号外，还可以采用其他接收技术为用户提供更多的电视节目，如有线电视台自办电视节目、卫星电视节目和微波传输电视节目。

## 第五节　有线广播系统

在现代智能建筑的设备配置中，除了通信系统、计算机网络、共用天线电视和卫星电视等现代化设施之外,有线广播系统也是不可缺少的一个组成部分。

## 一、有线广播系统组成

### 1. 有线广播系统的基本结构

现代智能建筑的有线广播系统绝不是传统概念中的传声器、拾音器、扩音器加扬声器的简陋系统,而是由客房音响、背景音乐、多功能厅音响、会议厅(室)音响及消防紧急广播音响等多种设备组成。

一个完整的有线广播系统应该有音源输入设备、前级处理设备、功率放大设备、干线传输线路、扬声器等部分组成。典型的有线广播系统结构框图如图 6-21 所示。

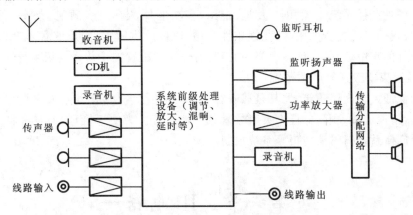

图 6-21 典型的有线广播系统结构框图

### 2. 广播音响系统组成

智能建筑的广播音响系统有客房音响、背景音响、多功能厅音响、会议厅(室)音响、消防报警紧急广播音响等。此外,还有卡拉 OK 包厢音响。

(1) 音源输入设备:音源输入设备是一种向有线广播系统提供节目源的设备,包括传声器、调频调幅收音机、CD 机、磁带录音机、拾音器、线路输入接口等。

(2) 前级处理设备:前级处理设备的作用是对输入信号进行调节、放大、均衡、混响、延时、监听、压缩、扩展、分频、降噪、滤波等处理,以获得理想的信号输出。

(3) 功率放大设备:是将前级处理设备输出的信号加以放大,使之可以直接驱动扬声器。

(4) 传输线路:有线广播系统的信号传输线路是传输广播音响信号的通道。通过电线、电缆将功率放大设备输出的信号馈送到各扬声器终端。

(5) 扬声器群:主要是实现电信号到声音的转换,在设计中,客房一般采用小功率扬声器,背景音乐用吸顶式扬声器,多功能厅和会议室用各种音箱和声柱,车库和室外用筒式扬声器等。

## 二、有线广播系统的分类

有线广播系统按照应用范围划分有以下三种。

**1. 业务性广播系统**

业务性广播系统主要用于智能建筑的日常工作、宣传教育、信息传递、召开会议等行政管理事务。业务性功能以播放语音信息为主,其有线广播网络一般分布在会议室、办公室、展厅、走廊、机房、各通道出口以及建筑物外空间等有人员活动的场所。

**2. 服务性广播系统**

服务性广播系统主要用于大堂、走廊、多功能厅、咖啡厅、酒吧、茶座、商场、客房、健身娱乐室等场所的服务性、娱乐性广播,以播放供欣赏、娱乐的音乐节目为主。对于涉外的宾馆、国际会议或贸易中心,有时还需要配置同声传译会议系统。

**3. 火灾事故紧急广播系统**

为保证大型高层建筑,尤其是兼有客房、舞厅的综合楼,在发生火灾时能及时传递信息,指挥疏散人群,应设火灾事故紧急广播系统。为便于管理,通常都将火灾事故紧急广播系统归属消防报警系统控制。

# 第六节 IP 电话

IP 电话就是利用计算机互联网进行的一种语音传输业务,它是互联网与公共电话网(PSTN)相结合的产物,也可称为网络电话。其最大的特点是比普通电话收费便宜。

## 一、IP 电话的工作过程

IP 电话的工作过程可分为 5 个步骤:
(1) 语音信号数字化;
(2) 信号压缩;
(3) 信号分组;
(4) 解包与解压缩;
(5) 语音恢复。

## 二、IP 电话的网络结构

IP 电话系统一般由终端和网络组成,它由电话网络和计算机共同发展而成,其结构方式有以下几种。

**1. 电话到电话**

电话到电话的结构方式如图 6-22 和图 6-23 所示。

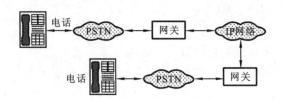

图 6-22　电话到电话的结构方式(一)

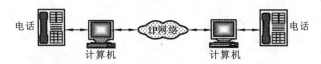

图 6-23　电话到电话的结构方式(二)

网关是 IP 电话网络系统重要的组成部分之一,是实现 IP 电话的关键,它把公共电话网和 IP 网连接起来。

其工作原理如下。用户的语音信号经过公用交换电话网(PSTN)送到网关,网关对它进行压缩、分组和一些保证质量的处理,将 IP 语音信号分组发送到 IP 网上传送,到达对方所在地的网关后,对语音信号分组进行相反的处理,形成原始语音信号,再经过 PSTN 传输到对方的电话机上。

**2. 计算机到电话**

计算机到电话的结构方式如图 6-24 所示。

图 6-24　计算机到电话的结构方式

**3. 计算机到计算机**

计算机到计算机的结构方式如图 6-25 所示。

图 6-25　计算机到计算机的结构方式

### 本章综合思考题

1. 简述通信系统的分类。
2. 简述卫星通信的原理。
3. 简述移动通信的种类。
4. 电缆电视系统由哪些部分组成？各起什么作用？
5. 有线广播系统的作用有哪些？
6. 简述 IP 电话的工作过程。

# 第七章

# 办公自动化系统

**本章学习要点**

- 了解办公自动化系统的基本含义及发展情况
- 熟悉办公自动化系统的基本结构组成及主要技术

在当今的信息化社会中，物业管理部门不仅要处理与日俱增的日常业务信息，而且要产生大量各类辅助决策信息。现代化的管理是一门集计算机技术、通信技术、系统科学和行为科学于一体的综合学科，因此，实现物业信息化管理的目的，就是以先进的科学技术武装管理办公系统，最大限度地将人们从传统办公业务工作的重复性劳动里解脱出来，提供工作效率和管理水平，尽量做到信息灵通、决策正确。

## 第一节　办公自动化系统

办公自动化系统（OAS）是使办公业务借助各种办公设备，并用这些设备与办公人员构成服务于某种目标的人机信息系统。办公自动化系统的主要作用是使信息收集和资料处理机械化、自动化，提高办公效率。

### 一、办公自动化系统组成

办公自动化系统主要由硬件、基本软件和专用处理系统组成。硬件包括计算机、通信网络、终端设备（输入输出设备）和其他各类专用设备。基本软件包括网络软件、系统软件、文件与数据库系统，此外还应包括数据处理语言、智能软件等。专用处理系统包括汉字信息处理、文字处理、表格处理、语音处理、图形和图像处理、电子邮件、决策支持等各项专用系统。

**1. 办公自动化系统的硬件设备**

在办公自动化系统中包括以下几类设备。

(1) 计算机设备:包括各种规格、型号的计算机。

(2) 文字处理设备:包括中英文打字机、文字处理机、复印机、制版机、胶印机、电子和激光照排机等。

(3) 语音处理设备:包括各种电话机、录音机、语音识别与合成系统。

(4) 图形图像处理设备:包括录像机、扫描仪、绘图仪、传真机等。

(5) 信息传输设备:包括传真机、电话通信系统、各种局域网、远程网等。

(6) 其他支持设备:包括缩微处理系统、电视与电话会议系统、大屏幕投影设备等。

**2. 办公自动化系统中的信息处理**

办公自动化系统的信息处理一般流程如图7-1所示。

图7-1　信息处理的一般流程

办公室常用的信息处理包括以下几种。

(1) 文字处理:文字处理系统至少应具有输入、输出、存储和编辑功能。

(2) 语音处理:由语音合成系统和语音识别系统组成。

(3) 图形和图像处理:包括图的输入和存储、图的处理、图的识别、图的传送和输出。

(4) 电子邮件:在电子邮件系统中,每个用户有一个信箱号码(即用户地址),用户持有合法的口令才能打开自己的信箱。

(5) 电子表格处理:比较常用的表格处理系统有 EXCEL。

(6) 电子日程管理:指使用电子钟和计算机显示器给用户提供电子日程表和电子备忘录,包括个人时间管理、会议或约会安排。

(7) 文档管理:包括邮件处理、文件的输入和保存、复制和归档。

(8) 通信网络:在办公自动化系统中,通信网络的主要作用是在办公室之间传送数据、文字、语音和图像等各种信息。其中局域网更是可以将一些价格低廉的计算机连在网上,共享某些价格较高的设备(如网络打印机),共享数据资源,实现工作站之间的通信。

## 二、办公自动化系统功能

办公自动化系统大体上由五个部分组成:组织机构、办公空间、办公人员、办公信息和知识、办公技术手段。其中主要包括:

(1) 办公人员,包括办公室负责人及一般工作人员;
(2) 办公过程中涉及的各种数据,包括数字型及非数字型的数据;
(3) 办公活动的工作程序,也就是办公人员需遵守的规则和办公活动规范;
(4) 办公设备和技术手段,即以计算机为主的各种数据处理设备。
可将办公自动化系统的功能归纳为如图 7-2 所示的功能树。

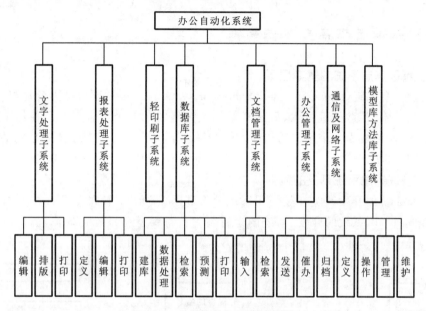

图 7-2　办公自动化系统功能树

## 三、办公自动化的发展趋势

办公自动化技术的发展与办公自动化系统的形成虽然至今不过 30 余年的历程,但由于其中多学科交叉且多技术共存,故其发展突飞猛进,主要表现在以下方面。

(1) 设备发展:数字化、智能化、无纸化、综合化。
(2) 人机界面:人机对话交互界面,窗口技术与菜单驱动方式,使操作过程形象简捷。
(3) 多媒体技术引入:多媒体数据库、多媒体编辑排版软件、红外触摸屏、语音输入软件、语音合成及输出软件等众多的多媒体软硬件设备、技术的应用,使办公自动化系统面貌一新。
(4) 现代通信技术的应用:计算机局域网、互联网和宽带移动通信技术的发展等最新通信技术的应用,使得办公自动化系统逐步发展为网络化、一体化的办公自动化系统。

# 第二节　物业管理信息系统

## 一、物业管理信息系统概述

**1. 管理信息系统的基本框架**

管理信息系统(management information system,简称 MIS),是由计算机技术、网络通信技术、信息处理技术、管理科学以及人组成的一个综合系统。在这个系统中,计算机网络成为整个系统结构的主体和系统运行的基础。管理信息系统的基本框架如图 7-3 所示。

**2. 管理信息系统开发的流程**

信息系统的开发其实就是使用系统分析和系统设计方法的过程。即系统的分析、系统的设计、系统的开发、系统的运行与评价都要遵循系统化的流程,此基本流程分为五个阶段,如图 7-4 所示。

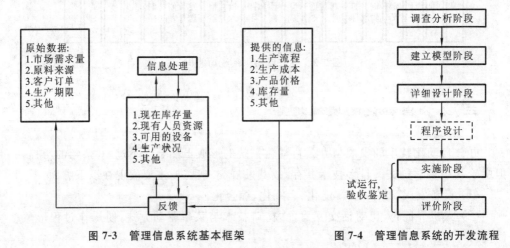

图 7-3　管理信息系统基本框架　　　　图 7-4　管理信息系统的开发流程

## 二、物业管理信息系统的含义和功能

（一）物业管理信息系统的含义

物业管理信息系统是一个由人、计算机软硬件、通信设备等有机组成的能进行物业管理信息处理、维护和使用的完整的系统。

物业管理信息系统能够实测出物业管理过程的运行状况,处理日常事务,并利用各种数据预测将来,从全局出发辅助物业管理单位进行决策,充分利用信息资源控制物业公司行为,帮助物业管理公司高速实现其规划目标并提高管理效率和管理质量。

(二)物业管理信息系统的基本功能

一般来说,物业信息管理系统应具备以下基本功能。

(1)文字处理:完成各种文件、信函、单据等的起草、修改、编辑、排版、输出打印等功能。

(2)数据处理:对物业管理事务中涉及的大量数据进行收集、整理、录入、存储、输出传输等。

(3)图形图像处理:对物业管理事务中的图形、图像进行输入加工、传输、输出。

(4)电子表格:具有对各种综合数据进行报表格式处理以及对各种报表格式数据进行输入、加工及输出的功能。

(5)文档管理:对各种文件档案资料进行修改、发布、存储等处理。

(6)电子邮件处理:利用计算机及网络系统对物业管理公司内外部交流的各种公文、信函、报表和资料进行编辑、加工、存储及传递等。

(7)声音处理:利用电子设备对语音进行识别、合成、存储和传输等。例如以图文并茂的方式,生动形象、综合地介绍小区的概貌。

(8)查询记录:利用系统内的数据库综合查询各类相关的资料,并分类汇总存储在计算机中的各种数据,为决策提供初步的依据。

(9)安全保密:系统对收集、加工、传输的信息具有检测程序;对信息的修改、利用设置权限,从而保证数据的可靠、安全、保密。

(10)资源共享:建立内外网络系统,实现数据、设备的共享。

(11)辅助决策:例如计算机根据资金动用情况和小区内的房屋失修、维护现状,合理地排列出房屋修缮的先后次序,有效地指导物业管理公司合理地利用资金。

(三)物业管理信息系统的硬件和软件环境

为了使物业管理信息系统的上述功能得以实现,必须选择合适的硬件设备和相应的软件系统。当然硬件和软件系统的选择是随着技术的发展而更新的。

**1. 硬件系统**

硬件系统包括计算机主机及外部设备、数据通信及网络设备、声音处理设备、图形图像处理设备、信息存储设备和其他设备。

## 2. 软件系统

软件系统包括计算机操作系统软件和网络软件、文字处理软件、电子表格软件、图形图像支持软件、电子邮件支持软件和其他应用软件。

## 三、物业管理信息系统整体构架

物业管理信息系统研究的是物业管理信息活动的全过程。根据物业管理活动所涉及的法规、内部组织管理、具体业务处理，以及物业管理问题研究和探讨，将整个系统分成物业管理法规管理、物业管理文献信息管理、物业公司管理、住宅小区管理、高层写字楼管理、工业物业管理、特殊物业管理、商业物业管理这八种管理信息系统。每种系统都包含许多内容，可对它们做进一步的细分，如图7-5所示。

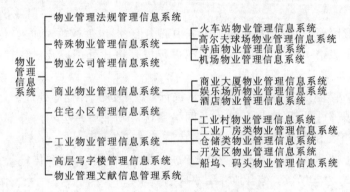

图7-5 物业管理信息系统整体架构

### （一）物业管理法规管理信息系统

物业管理法规管理信息系统主要是对整个物业管理的法律体系建立数据库。包括三个层次的法律和法规：第一层次是宪法的有关条款；第二层是全国人大及其常委会、国务院颁布的物业管理方面的法律、法规，如《城市私有房屋管理条例》、《城市绿化管理条例》等及其相配套的法规、规章，如《城市房屋修缮管理规定》、《城市住宅小区物业管理服务收费暂行办法》等；第三层次是各省、自治区、直辖市人大及其常委会颁布的物业管理方面的地方性法规，同级地方人民政府颁布的物业管理行政规章，如《北京市居住小区物业管理办法》。通过物业管理法规管理信息系统，可以很方便地阅览、检索、编辑和打印以下内容：

（1）房屋及维修管理法律、法规、规章；

（2）设备设施管理法律、法规、规章，如电梯、道路路灯、空调、通信等的管理条例和办法；

（3）环境卫生管理法律、法规、规章；

（4）治安、保卫、消防管理法律、法规、规章，如防盗护栏安装、小区道路交通、机动车等管理条例和办法；

（5）城市绿化管理法律、法规、规章；

（6）业主委员会管理，包括《业主委员会管理办法》等；

（7）行业管理，包括《物业管理企业条例》、《物业管理企业资质管理规定》及有关物业管理企业的税收、合同、招标、投标企业协会等的管理办法；

（8）各类物业管理，有关住宅小区、商业物业、工业物业、特殊物业，高层住宅、别墅区物业管理条例和管理办法等。

## （二）物业管理文献信息管理系统

能对物业管理活动中的思想、理论基础、经济事实以及各种经济技术数据等信息进行收集、整理、存储、查询、使用，从广度和深度上积累物业管理各方面的知识，加强物业管理的理论研究工作和教学工作，有效地指导物业管理实践活动。物业管理文献信息管理系统分门别类地记录了有关物业管理方面文献的名称、作者、收藏单位、出处、文摘、主题词以及引用文献等有关情况，方便用户查询、寻找和打印。

## （三）工业物业管理信息系统

包括工业村物业管理、工业厂房类物业管理、仓储类物业管理、开发区物业管理，以及船坞、码头物业管理等子系统。

## （四）商业物业管理信息系统

包括商业大厦物业管理、娱乐场所物业管理、酒店物业管理等子系统。

## （五）特殊物业管理信息系统

包括高尔夫球场物业管理、寺庙物业管理，以及机场、火车站物业管理等子系统。

## （六）住宅小区管理信息系统

包括住宅小区物业管理、单位自管住宅物业管理、军队住宅区物业管理、别墅区物业管理、度假区物业管理等子系统。

## （七）物业公司管理信息系统

包括计划管理、日常事务管理、财务管理、人事管理、行政管理等。

## （八）高层写字楼管理信息系统

包括消防管理、文件管理、设备管理、入住装修管理、收费管理、投诉管理、绿化管理等。

## 第三节　物业管理信息系统设计实例

本节以住宅小区管理为例,介绍小区物业管理信息系统的设计。

### 一、住宅小区管理基本内容

住宅小区管理的实质是一种综合的经营性管理服务,它融管理、经营、服务于一体,在服务中完善经营与管理,在经营与管理中体现服务。三者相互联系,相互促进。住宅小区管理的基本内容如下。

(一) 日常管理

**1. 房屋建筑主体管理**

房屋建筑主体管理是为保持房屋的完好率,确保房屋使用功能而进行的管理服务工作,包括房屋基本情况的掌握、房屋修缮及其管理、房屋装修管理。

**2. 房屋住户管理**

房屋住户管理是为确保管理和服务的质量而进行的一项必要工作。主要指住户基本情况的掌握,包括用户管理、投诉管理。

**3. 房屋设备、设施管理**

房屋设备、设施管理是为保持房屋及其配套附属设备、设施的完好率及正常使用而进行的管理工作,包括各类设备、设施基本情况的掌握,各类设备、设施的日常运转、保养、维修与更新的管理。

**4. 绿化管理**

绿化管理是为美化小区环境而进行的管理与服务工作,主要包括园林、绿地的营造和保养,物业整体环境的美化等。

**5. 环境卫生管理**

环境卫生管理是为净化小区环境而进行的管理与服务工作,包括楼宇内外物业环境的日常清扫保洁、垃圾清除外运等工作。

**6. 治安管理**

治安管理是为维护小区正常的生活、工作秩序而进行的专门性管理与服务工作,包括楼宇内外的安全、保卫、警戒等以及对各种突发事件的预防和处理,还可延伸为排除各种干扰,保持小区的安静等,要求做好每日治安的排班及治安情况记录的工作。

**7. 消防管理**

消防管理是为维护小区内各项正常的生活、工作秩序而进行的一项专门性的管理和服务工作,包括火灾时的预防及发生火灾时的救护与处理,要求做好火灾发生救护情况的记载,注意监控火灾易发生地带。

**8. 车辆道路管理**

车辆道路管理是为维护小区内各项正常的生活、工作秩序而进行的一项专门性的管理和服务工作,包括车辆的保管、停车场安排、道路的管理交通秩序的维护等。

## (二)特约服务

**1. 常规性的公共服务**

包括代收代缴水电费、煤气费、有线电视费、电话费等公共事业性费用。

**2. 有针对性的专项服务**

包括日常生活类服务,商业服务,文化、教育、卫生、体育类服务,中介代理服务等。

## 二、住宅小区管理信息系统结构

### (一)住宅小区物业管理公司机构设置

住宅小区物业管理公司机构设置如图 7-6 所示。

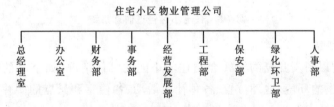

**图 7-6 住宅小区物业管理机构**

### (二)住宅小区管理信息系统总体结构

将物业管理工作程序化、业务处理标准化,并将日常交流使用的各种单据、报表、通知单等统一化,一些数据资料完善化和代码化处理后,就形成了整个系统的总体功能结构图(见图 7-7)。

住宅小区的管理信息系统应包含小区概貌、服务管理、资源管理、事务管理、工程管理、环境管理、收费管理和系统维护共八个子系统(如图 7-8 所示)。

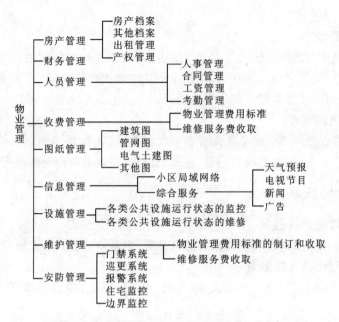

图 7-7 住宅小区物业管理信息系统功能结构图

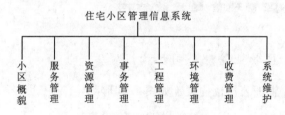

图 7-8 住宅小区管理信息系统

**1. 小区概貌**

小区概貌以图文并茂的方式介绍住宅小区的总体情况,如小区的历史、小区的设计规划、周围的环境、地理位置、各种社区活动、各楼宇和景点的图片资料、各市政建筑配套设施图本等。

**2. 服务管理**

服务管理包含以下三方面内容。

(1) 对物业管理公司所提供的服务项目进行规范,统一标准。按服务层次、服务内容、服务时间,明文规定服务价格,以方便用户监督、查询。

(2) 对申请服务的用户,按服务申请时间、内容、申请户地址、姓名、电话等进行登记,并要把服务完成的时间、质量、用户满意程度等进行登记,以便对管理服务工作进行督察。

(3) 收取各项服务费用,打印收费单据、各种服务明细表,以及费用的月、季、年报表,以便向上级主管部门汇报工作。

**3. 资源管理**

资源管理主要是对作为小区管理和服务对象的房屋和住户的有关资料进行管理。

**4. 事务管理**

事务管理主要是负责对服务维修、装修、投诉以及住户违章等事宜进行处理。较详细地登记维修申请、投诉违章内容;反馈各事宜的处理意见和满意程度;方便对各业务资料进行修改、删减、查询和记录;打印派出维修、装修的通知单,收费明细表,违章处罚通知单,以及各类月、季、年统计、汇总表。

**5. 工程管理**

工程管理主要是对小区内公用设施和设备等固定资料、资产的管理,以及对定期或不定期设备的维修、检修的记录和设备日常运行状态的记录管理等。包括设备采购、更换情况登记,设备的位置、价格、维修保养等方面的记录,使物业管理公司对其资产状况一目了然,并可进行相关查询、统计和打印。

**6. 环境管理**

环境管理主要是对小区的居住环境相关资料、管理工作安排的信息进行收集、存储、传递及应用。包括对绿化工程状况、植被的分布情况、停车场场位的安排,保安、绿化、环卫工作安排情况,保安记录等进行的数据统计、查询和记录。其功能结构如图7-9所示。

图 7-9  环境管理功能结构

**7. 收费管理**

收费管理主要是实现按月输入水电表读数、常规管理费用、租金,并能自动计算当月水电费,汇总各类费用,显示其明细,包括滞纳金、拖欠款、银行托收款等。

本月输入工作完成后,就可以进行手动收款和银行划款业务处理。收费完成后,可以分别以户、楼、整个小区为单位,对水电表读数、水电用量、各类费用支取等状况进行查询,并输出各类相关的报表,为用户打印收费通知单等。

因水电费每月不同,所以数据刷新工作一般在第二个月初进行。刷新首先将费用数据备份,形成历史数据以便将来查询,然后将水电表读数向上月、再上月递推,并将上月未收款的费用转成本月拖欠款,按月计算其滞纳金。

该子系统的功能结构如图 7-10 所示。

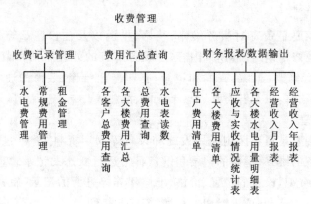

图 7-10　收费管理的功能结构

## 8. 系统维护

系统维护包含四部分功能:

(1) 设置密码和多级权限以保障系统内数据的准确,使系统正常运行;

(2) 定期对系统内各种数据库进行数据整理、备份,以保障数据历史性和相对完整性,随时对以往数据进行查询、了解;

(3) 对系统的设计、特点、用法等进行说明;

(4) 系统帮助,设置数据字典,对相关的概念、名词、代码进行解释和提示。

系统维护的功能结构如图 7-11 所示。

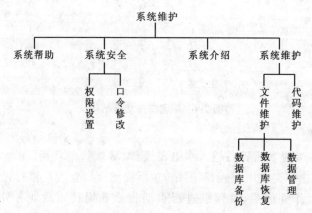

图 7-11　系统维护的功能结构

## 第四节　物业管理信息系统应用

目前，现代新型建筑的物业管理已经大量采用计算机实施管理，也有很多物业管理软件系统可供各个物业公司选择。下面以国内比较有名的某公司开发的物业管理软件系统为例具体介绍物业管理软件的设计思想、功能以及使用情况。

### 一、物业管理软件系统的设计目标

（1）覆盖集团化物业管理企业总部、区域公司、管理处三个层次的企业管理职能和业务处理职能。

（2）其功能模块按 ISO 9000 进行设计。

（3）数据容量和管理权限上支持物业公司规模的持续扩大。

（4）操作界面符合操作人员的使用习惯，界面美观大方，操作简便实用。

（5）一体化应用，将企业管理功能、业务处理功能、信息门户功能整合到一套系统中，并且数据共享。

（6）与市场上主流的财务软件、人力资源软件、OA 软件、智能化系统接口，并进行整合。

（7）可以多种方式与住户沟通，包括网站、手机短信、呼叫中心等。

（8）采用成熟的开发技术和系统平台，能在广域网络上稳定运行。

（9）符合《建筑及住宅社区物业管理数字化应用》国家标准。

### 二、物业管理软件系统的设计思想

**1. 一体化**

将企业管理功能、业务处理功能、信息门户功能整合到一套系统中，并且数据共享。

**2. 从现代企业管理的角度出发进行设计**

从现实的集团化物业公司的组织结构、运作模式、管理流程、作业方式中抽取具有普遍意义的模型，在模型的基础上，以现代企业管理的角度审视每一项业务，提出标准化的业务流程，再将业务流程信息化，开发成为可以与实际业务融合在一起的大型信息系统。

**3. 适应行业的发展基础和员工的素质状况**

充分考虑行业的特点和操作惯例，符合实际工作的需要。操作界面符合操作人员的素质水平和使用习惯，界面美观大方，操作简便实用。

**4. 保证数据的安全可靠**

物业集团总部与各个管理处之间通过公众网络进行连接，传输数据，管理处的网站还要对外提供访问。从网络结构、硬件、软件、加密技术、认证方式等多个层面考虑安全防范措施，一方面防止外部的攻击，另一方面也防范内部的不安全操作行为。使整个系统受到有意、无意的非法侵入而造成系统破坏的可能性降至最低程度。

**5. 技术领先**

在技术上采用业界标准的、先进的、成熟的技术手段，不仅保证系统功能的实现，而且保证该总体规划的设计在未来的五年内其所选用的技术仍能满足应用发展的需求。本系统充分预计运行环境的变化，提供具有前瞻性的功能和框架规划。

**6. 标准化**

按照《建筑及住宅社区物业管理数字化应用》国家标准的要求设计开发。

**7. 开放性、可扩展性和易维护性**

随着业务的扩展和智能设备的使用，本系统可能会与其他系统交换数据，因而在进行系统设计时，应统一规划，具有开放的接口，方便和其他系统进行交互访问。软件设计尽可能模块化、组件化，并提供配置模块和客户化工具，使应用系统可灵活配置，适应不同的情况。

**8. 整合性**

对于集团化物业管理企业，任何一家软件公司都不可能提供全部的功能模块，所以，需要整合一些成熟的产品，构成一个完整的解决方案。财务软件、OA 软件等可以考虑市场上成熟的产品。

## 三、物业管理软件系统的特点

**1. 整个集团实现网络化管理**

在集团广域网内，总部、区域公司、管理处三级组织的实时数据共享，突破层级和部门分隔导致的沟通障碍，实现扁平化管理。

**2. 多种数据部署方式**

整个集团能够共享一套数据库，全部数据集中管理，各地数据实时联网，各管理处的软件也能够独立运行，数据定期同步到总部。

**3. 三大功能一体化**

整合企业管理、业务处理、信息门户三大子系统于一套系统中，数据共享，覆盖集团化物业管理企业的主要职能。

**4. 按照 ISO 9000 的规定流程进行作业**

融合 ISO 9000 规范,引导基层操作人员按规定流程作业,否则无法进行后续工作。

**5. 收费功能非常强大**

界面引导性强,易操作,可自行定义收费项目、收费标准,多币种,支持预收款、分摊计算、银行划款,可导入三表抄表数据,与财务软件接口。

**6. 引入了总台式服务模式**

服务调度模块引入了总台式客户服务模式,帮助管理处高效完成客户服务工作,提高客户满意度。

**7. 个性化的操作界面**

系统操作界面友好,图文并茂,简单的工具条、弹出式菜单以及各种向导提示,大大简化了操作流程。系统根据操作人员的不同权限自动实现操作界面的个性化。

**8. 住户沟通多媒体**

系统以多种方式向住户提供信息服务,包括网站、手机短信、呼叫中心等。

**9. 支持手持 PDA 应用**

管理员手持 PDA(personal digital assistant,即掌上电脑)在小区或大厦内巡查,及时完成抄表、设备巡查、安全检查等数据和图形记录,传递到系统数据库中,高效、准确。

**10. 灵活方便的信息查询功能**

系统既能满足管理处操作人员查询某一客户的明细资料,又能满足集团领导对全国各地整体情况的实时查询。

**11. 实现全面自定义功能**

用户可根据需要对字段、报表、界面、权限、人员工作范围、查询和统计分析内容等项目进行完全的自定义。在收费模块中,可对收费项目、收费周期、收费类型及收费价格进行自定义,实现多种方式的收费。

**12. 敏感数据修改的日志跟踪和分级的权限控制**

对应保密或较敏感的数据修改提供跟踪,能清楚地记录数据每次更改的情况(更改人、时间、值、数额等),提供敏感数据更改的依据。根据操作人员的不同权限,财务经理有权修改费用单价,收费员只能录入读数进行计算,管理处人员仅能看到本管理处的数据,集团领导可以看到任何一个区域公司和管理处的数据。

**13. 形象丰富的决策分析**

系统快速、自动、强大的统计汇总功能和丰富的报表打印系统,使领导可以随时了解到最新情况,并依此快速、准确地作出决策。

**14. 软件结构适用于不同的角色**

整个系统是 B/S、C/S 混合型的结构,既能满足管理处高效业务处理的要求,又能满足公司管理人员远程使用、操作简单、容易维护的需求。

### 15. 易扩展、易升级

系统采用参数化、模块化设计，可以方便地进行扩展升级。只要经过简单的鼠标拖拽，就可方便地在软件界面上增加新的功能模块；当某一模块有升级版本时，单独替换该模块即可，不影响其他功能的正常使用。

### 16. 综合提醒

工作人员一打开软件，系统就自动提醒今日应完成的任务，比如收款员应该收取的费用，工程人员应该完成的设备保养等。

## 四、物业管理软件系统的功能列表

### 1. 物业管理软件的功能列表（见表 7-1）

表 7-1　物业管理软件的功能列表

| 一级模块 | 二级模块 | 功能说明 |
| --- | --- | --- |
| 房产管理 | 生成房产 | 登记公司管理的管理区、大楼和房间的资料，可以自动生成房间资料；生成后可以手工调整单个或多个房间的编号 |
| | 房产验收 | 物业公司从开发商手中接管验收，记录验收过程的详细情况 |
| | 范围选择 | 可只对一定范围的小区、大楼和房间进行选择及显示 |
| | 列项管理 | 可对房产管理所需要的下拉式列项进行编辑，如房间朝向可分东、南、西、北等 |
| 客户管理 | 入伙登记 | 在业主入伙时登记业主的相关资料和入伙时的相关信息 |
| | 租户入住登记 | 租户搬入时进行基本资料的登记与管理 |
| | 住户管理 | 详细登记业主、租户的家庭、公司及成员资料，可以根据房号、姓名、性别、身份证、暂住证等各种信息进行查询 |
| | 客户事件 | 记录客户入伙、入租情况 |
| | 列项管理 | 可对客户管理所需要的下拉式列项进行编辑，如成员的民族可有汉族、苗族等 |
| 收费管理 | 初始设置 | 收费参数设置、项目标准定义、收费标准选用等 |
| | 收费数据输入 | 输入水电费及临时手工设定的费用数据 |
| | 外部数据导入 | 可接收自动抄表系统转来的数据 |
| | 费用计算 | 费用数据计算包括收费参数传递、收费金额计算、收费数据校准、滞纳金校准 |
| | 预交管理 | 对客户预交款进行管理，包括预交方案管理、预交收款、预交自动冲抵、预交使用查询、预交凭证管理 |

续表

| 一级模块 | 二级模块 | 功能说明 |
|---|---|---|
| 收费管理 | 收款登记 | 登记交费金额、交费时间、交款人等,并进行全部收款、部分收款、费用调整、本月备注、预交查询等 |
| | 银行划款 | 通过银行账号直接收取费用,包括划款方案设定、划款协议录入、银行划款操作 |
| | 收费报表打印 | 直接打印各种费用报表 |
| | 收费情况总览 | 查询整个收费管理模块中的收费情况 |
| | 收费月结 | 对本月收费情况进行月结,系统可以转到下个月的收费周期 |
| | 数据导出 | 数据可转入其他财务管理软件中 |
| | 凭证管理 | 对收费凭证管理、查看、打印等 |
| 综合服务 | 客户投诉 | 记录业主的投诉情况,包含客户房号、登记代码、投诉时间、投诉人、被投诉部门、客户名称、处理单位、处理人、回访人、回访时间、整改意见、投诉类别、投诉方式、投诉内容等信息 |
| | 二次装修管理 | 从装修申请、审批、装修队情况到完工验收进行全面管理,随时掌握各房间装修的进展状况 |
| | 房产维修 | 收到房产维修服务请求后根据请求内容填写派工单,派工单的内容为:派工单号、维修人员、完工时间、维修项目、客户名称、接单时间、记录人员、开工时间、服务费用、物料费用、所需物料、用户验收信息 |
| | 有偿服务 | 管理处对客户进行一些需要收取一定费用的服务,主要包括服务费用(清洁、绿化、工程维修等)、中介费用和代办费用 |
| 安全管理 | 保安事件管理 | 登记各时间段内的保安事件、消防演习、火警记录,对发生的重大事件进行详细记录 |
| | 消防责任区及器材管理 | 对消防责任区、消防器材、保安器材进行管理 |
| | 保安巡查管理 | 对保安人员、路线内容、事件等进行管理 |
| 环境管理 | 清洁卫生 | 划分保洁区域,记录保洁工作执行情况,记录责任人和负责人 |
| | 绿化管理 | 对划分绿化区域、绿化植物的种类、浇水间隔、施肥间隔、责任人等进行登记管理,记录绿化工作执行情况 |
| 租赁管理 | 租户资料管理 | 记录租户的基本资料,包括家庭租户和公司租户的基本资料 |
| | 租赁管理 | 包括合同管理、调租、退租等 |
| | 来访客户(潜在租户)管理 | 记录来访客户的基本需求,并根据需求帮助客户查找适合的房间 |
| | 到期提醒设定 | 可设置在合同到期日多少天前自动提醒,在界面上相应的租户以不同颜色显示 |

续表

| 一级模块 | 二级模块 | 功能说明 |
| --- | --- | --- |
| 设备管理 | 设备档案 | 包括对管理的各类公共设备进行分类,对其位置、数量、价格、维修保养等方面进行全面管理,并对设备的基本信息和技术资料进行管理 |
| | 故障记录 | 包括故障发生时间、情况、原因、事件描述、严重级别、维修人、负责人等 |
| | 设备保养维修 | 对主要设施、设备的维修和日常保养进行登记,便于随时了解各类设施、设备的运行状况和维修保养情况 |
| | 设备巡查 | 记录每天对设备各项目的检查情况以及处理措施 |
| 仓库管理 | 物料档案 | 登记物料名称等详细情况 |
| | 库存管理 | 包括本期入库、库存、出库、盘盈、盘亏等记录 |
| | 入库操作 | 物料入库流程的操作,包括仓管年月、票据日期、单号、是否进账等 |
| | 出库操作 | 物料出库流程的操作 |
| | 盘点操作 | 包括盘点方向、盘号、盘盈的情况 |
| | 月结操作 | 对已过账的票据进行月结 |
| 行政管理 | 组织架构 | 记录部门及人员组成和岗位职责 |
| | 人事管理 | 登记员工职能、员工信息、工作简历、培训记录、奖惩记录、岗位变动的信息管理 |
| 车位管理 | 车辆档案 | 主要管理管理处的所有车辆资料,包括车牌照、车型号、交费情况、颜色、对应车位号、对应车位位置、出厂时间及该车辆对应房间(或客户)资料(包括房间代码、客户名称等),并可对它们进行新增、修改、删除、查询 |
| | 车位管理 | 可增添车位的情况,可批量生成车位,并登记相关信息 |
| | 车辆事件管理 | 主要是对车辆的维修、保养类型、时间、处理结果等事件进行管理 |
| 社区文化 | 公共关系管理 | 记录与小区发生各类关系的各类机构和经办人的资料,包括关系等级、联系方法、部门、联系频率、联系地址等,如派出所、城管、卫生防疫、街道办事处等机构的资料 |
| | 社区活动 | 记录社区活动详细资料,包括活动类型、活动名称、组织人、参加人、活动内容、活动场地、活动经费、活动情况等内容,便于对小区社区活动进行统一管理 |
| | 社团管理 | 记录社团名称、成立时间、活动地点、曾获荣誉以及社团的成员名单等 |

续表

| 一级模块 | 二级模块 | 功能说明 |
| --- | --- | --- |
| 入住管理 | 客户档案登记 | 对房产管理和客户管理的数据登记,对它们进行增加、修改操作 |
| | 收费初始化 | 收费项目选用、初始数据输入。在进行此操作之前,客户档案登记必须已经录入完成,否则无法进入收费初始化阶段 |
| | 划款协议录入 | 录入客户提供的划款银行账号,在对客户进行划款协议录入之前,客户档案登记必须已经录入完成,否则无法进入划款协议录入阶段 |
| 综合查询 | | 可综合地查询到房产、客户、收费等物业资料。用户分别可以按房间、按客户、按电话、按车号对房产资料、客户档案、收费情况、出入证、车位情况、客户服务进行查询 |
| 系统平台功能 | 数据字典 | 通过数据字典可以在数据库中建立一个新的数据表,修改原有数据库中的数据表,并可对数据库中表属性和字段属性进行设置,让用户自定义自己的输入界面 |
| | 报表管理 | 多种自定义报表格式,包括简单型、复合型和汇总型。用户可以自定义报表的名称、需要统计的项目、排序方法、过滤条件、汇总方法、页面的左右和上下间距等内容 |
| | 通用查询 | 可按模块,对数据表、数据项、计算项、分组选择、查询条件、结果排序等几项条件进行组合来构造一个具体的查询,可另存为EXCEL、DBF等文件 |
| | 操作日志管理 | 具有应用级的用户操作日志,在进入退出、修改数据、删除数据、备份数据、恢复数据等重要的操作上进行日志记录 |
| 系统平台功能 | 用户权限控制 | 系统能够根据用户的部门及其工作职责,分表单、模块等来定义不同的操作权限,保证每一个用户使用的合法性。系统分为功能级权限管理和数据级权限管理,功能级权限包括表单权限、功能点权限、通用查询权限、通用报表权限,数据级权限管理主要设置对管理处数据的查看权。如万能查询统计,只允许公司内的主要领导使用,管理处的工作人员仅能看到本管理处的数据,财务经理有权修改费用单价,收费员只能录入读数进行计算 |

## 2. 客户服务调度子系统的功能列表(见表7-2)

表7-2 客户服务调度子系统的功能列表

| 一级模块 | 二级模块 | 说明 |
| --- | --- | --- |
| 今日任务 | 任务列表 | 列出当前待完成任务,并给出到期提醒 |
| | 阅读任务 | 阅读任务详细情况,并可方便地查看客户详细资料 |
| | 反馈任务 | 完成任务后,将执行情况反馈给接待中心并可抄送上级 |

续表

| 一级模块 | 二级模块 | 说　明 |
| --- | --- | --- |
| 接待中心（总台专用） | 登记客户报事 | 引进酒店总台式管理,统一接待客户报事 |
| | 自动报价 | 自动根据服务规则产生有偿服务报价,以便客户确认 |
| | 自动调度 | 根据客户的报事类型,系统按照服务规则自动进行工作调度 |
| | 全程跟踪处理过程 | 总台可全程跟踪、随时查询职能部门对任务的执行进度 |
| | 登记回访情况 | 对完工任务的执行效果,总台可进行回访并登记,供统计查询用 |
| 任务管理 | 内部邮件往来 | 具备完善的内部邮件功能,并可传递附件 |
| | 上级监控 | 下属员工的往来任务邮件可自动抄送给上级,部门主管可对下属员工的任务执行情况进行监控 |
| | 下达内部任务 | 领导可直接向员工下达内部任务 |
| 信息中心 | | 可根据房号、业主姓名、电话、车位、车号五种方式快捷地查询任一客户的全面信息(包括房间资料、客户档案、收费情况、车辆档案、服务记录) |
| 服务规则 | | 内含按照 ISO 9002 规范制定的服务规则,并支持用户自行增改 |
| 定时任务提醒 | | 可根据用户设置定时自动发出任务提醒(如设备定时保养、定期家政服务等) |
| 系统设置 | | 设置各种系统运行参数,分配操作员权限,数据导入导出 |
| 报表管理 | | 包括各种派工单、明细表、统计表等 |

**3. 数字化社区系统功能列表(见表 7-3)**

表 7-3　数字化社区系统功能列表

| 功能名称 | | 功能说明 |
| --- | --- | --- |
| 首页 | | 总体介绍,涵盖服务内容,也有社区实景、设计风格的体现,公布新近社区通告和关联网站的友情链接指引 |
| 关于我们 | 公司简介 | 关于物业发展商的一些介绍信息 |
| | 物业管理 | 关于物业管理公司及理念的说明信息 |
| | 小区简介 | 详细地展示社区的实景、设计风格等的信息 |
| 社区资讯 | 社区通告 | 面向业主发布社区分类信息 |
| | 费用查询 | 提供业主查询自己的走表读数、费用信息 |
| | 业主论坛 | 社区中的业主间、业主与管理处非正式的交流平台 |

续表

| 功能名称 | | 功能说明 |
|---|---|---|
| 家居服务 | 物业报修 | 业主及时地提交自己室内和社区内其他的报修情况,及时跟踪已提交到物业管理公司报修的确认情况 |
| | 装修申请 | 业主简要地提出自己的装修申请需要,随时了解已传递至物业管理公司申请的批复确认 |
| | 客户意见 | 业主反映自己对社区情况和管理的意见,直接取得已到达物业管理公司意见的处理确认 |
| | 网上预订 | 业主提请自己的一些便民服务需求(订餐、订水等),准确知道已到达物业管理公司预订的处理确认 |
| 服务中心 | 社区通告 | 物业管理公司的社区通告信息发布管理 |
| | 客户意见 | 物业管理公司集中式地处理管理客户意见 |
| | 物业报修 | 物业管理公司集中式地处理管理物业报修 |
| | 装修申请 | 物业管理公司集中式地处理管理装修申请 |
| | 网上预订 | 物业管理公司集中式地处理管理网上预订 |
| | 用户密码 | 物业管理公司集中式地维护管理业主登录用户信息 |
| | 管理权限 | 物业管理公司内部社区业务处理管理的相关岗位员工登录用户的管理 |
| | 社区配置 | 物业管理公司使用的社区(楼盘)名称、社区页面标题名称的自定义配置管理 |
| | 页面配置 | 物业管理公司使用的社区页面模板、图片的自定义配置管理 |
| | 信息维护 | 物业管理公司使用的"关于我们"栏目中页面信息的自定义配置管理 |

**4. 领导综合查询子系统功能**

领导综合查询子系统功能供公司领导随时查询各区域公司、各管理处的各项业务的处理状况和所有管理处的综合统计数据,包括集团报表、分公司报表、管理处报表三层架构。集团总部可以查看所有分公司、管理处的所有业务数据,各地分公司只能查看下属管理处的所有业务数据,包括楼盘资料、客户资料、楼盘入住率、楼盘空置率、客户服务分类统计、收费率、安全情况、清洁绿化评估情况等。通过领导综合查询系统,物业管理系统每个功能模块的各项业务数据都可以实现汇总统计。

本子系统根据客户的具体需求量身定做,基于 Web 方式,公司领导只要能够上网并有相应的权限,在任何地方都可以使用该系统了解最新、最全面的物业信息。

## 本章综合思考题

1. 办公自动化系统的分类方法有哪些？
2. 办公自动化系统由哪些部分组成？
3. 什么是管理信息系统？
4. 简述物业管理信息系统的含义和功能。
5. 简述物业管理系统包含的基本（一级）功能模块。

# 第八章

# 综合布线系统

**本章学习要点**

- 掌握综合布线系统的基本概念
- 熟悉综合布线系统的基本传输介质
- 了解综合布线系统的经济性

## 第一节 综合布线系统概述

### 一、综合布线系统的概念

智能大厦的蓬勃兴起,使得传统的布线系统已不能满足大厦所要求的便利、高效、快捷、安全和舒适等功能特征,人们迫切需要开放的、系统化的综合布线方案。20 世纪 80 年代末期,美国电话电报公司贝尔实验室首先推出了结构化综合布线系统(structured cabling system,简称 SCS),其代表产品是 SYSTIMAX PDS(建筑与建筑群综合布线系统)。

综合布线系统(premises distribution system,简称 PDS),是建筑物与建筑群综合布线系统的简称,它是指一幢建筑物内或建筑群体中的信息传输媒介系统,它将相同或相似的缆线(如双绞线、同轴电缆或光缆)以及连接硬件(如配线架、适配器)按照一定关系和通用秩序组合,最终集成为一个具有可扩展性的柔性整体,构成一套标准的信息传输系统。

综合布线系统是一个模块化、灵活性极高的建筑物内或建筑群之间的信息通道,它既能使语音、数据、图像设备和交换设备与其他信息管理系统彼此相连,也能使这些设备与外部通信网相连接。它包括建筑物外部网络或电信线路的连接点与应用系统设备之间的所有线缆及相关的连接部件。综合布线系统由不同系列和规格的部件组成,其中包括传输介质(电缆、光缆)、相关连接硬件(如配线架、连接器、插头、插座、适配器)以及电气保护设备等。这些部件可用来构建各种子系统,都有各自的具体用途,不仅易于实施,而且能随需求的变化平稳升级。一个设计良好的综合布线系统对其服务的设备应具有一定的独立性,并能互连许多不同应用系统的设备,如模拟式或数字式的公共系统设备,也能支持图像等(电视会议、监视电视)设备。

综合布线系统是指按标准的、统一的和简单的结构化方式编制和布置各种建筑物(建筑群)内的各种系统的通信线路,包括网络系统、监控系统、电源系统和照明系统等。

综合布线系统一般是以通信自动化为主的结构化布线系统。今后,随着科学技术的发展,综合布线的工程和内容会逐步得到提高和完善,形成能真正充分满足智能化建筑所需的综合布线系统。

## 二、综合布线系统在智能建筑中的作用

综合布线系统在智能建筑中的作用如下:
(1) 综合布线系统是智能建筑内部联系和对外通信的网络;
(2) 综合布线系统是智能建筑中连接各种设施的传输媒介;
(3) 综合布线系统能适应今后智能建筑发展的需要;
(4) 综合布线系统与智能建筑融合成为整体。

## 三、综合布线系统的组成

综合布线系统是一种开放式结构,包括 6 个子系统:水平子系统、干线子系统、工作区子系统、管理子系统、设备间子系统、建筑群子系统,具体结构如图 8-1 所示。每个子系统均可视为各自独立的单元组,一旦需要更改其中任一子系统时,不会影响到其他的子系统。

**1. 水平子系统(horizontal)**

水平子系统是从工作区的信息插座开始到管理间子系统的配线架,它将干线子系统经楼层配线间的管理区连接并延伸到用户工作区的信息插座,一般为星型结构。水平子系统的线缆一端接在配线间的配线架上,另一端接在信息插座上。水平子系统多为 4 对双绞电缆。这些双绞电缆能支持大多数终端设备。在需要较高带宽应用时,水平子系统也可以采用"光纤到桌面"的方案。

**2. 干线子系统(backbone)**

干线子系统由导线电缆和光缆以及将此光缆连到其他地方的相关支撑硬件组成,也称为骨干子系统。它提供建筑物的干线电缆,线缆大多数为双绞电缆或多芯

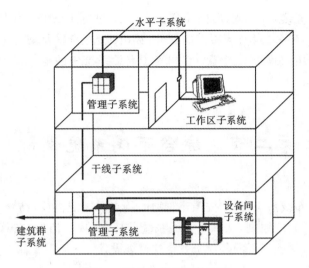

图 8-1 综合布线系统结构图

光缆,以满足现在以及将来一定时期通信网络的要求。干线子系统两端分别接在设备间和楼层配线间的配线架上,负责连接管理子系统到设备间的干线路由。

**3. 工作区子系统(work location)**

工作区子系统是放置应用系统终端设备的地方,它由终端设备连接到信息插座的连线(或接插线)组成。它用接插线在终端设备和信息插座之间搭接,包括信息插座、信息模块、网卡和连接所需的跳线,通常信息插座采用标准的 RJ45 头,按照 T568B 标准连接。

**4. 管理子系统(administration)**

管理子系统亦称为管理间子系统,它由设备间中的电缆、连接器和相关支撑硬件组成。管理间为连接其他子系统提供手段,它是连接垂直干线子系统和水平干线子系统的设备。其主要设备是配线架、集线器、机柜和电源,相当于电话系统中每层配线箱或电话分线盒部分。

**5. 设备间子系统(equipment)(大厦的总控室)**

设备间是在每一幢大楼的适当地点放置综合布线线缆和相关连接硬件及其应用系统的设备,并同时进行网络管理以及安排管理人员值班的场所。设备间子系统由综合布线系统的建筑物进线设备、电话、数据、计算机各种主机设备及安防配线设备等组成。为便于设备搬运,节省投资,设备间最好位于每一座大楼的中间。在设备间内,可把公共系统用的各种设备,如电信部门的中继线和公共系统设备(如用户级交换机)互连起来。设备间子系统还包括建筑物的入口区的设备或电气保护装置及其连接到符合要求的建筑物的接地装置。它相当于电话系统机房内配线部分。

**6. 建筑群子系统(campus)**

建筑群子系统是将一个建筑物中的电缆延伸到另一个建筑物的通信设备和装

置,通常由电缆、光缆,以及入、出楼线缆上过电流、过电压的电气保护设备等相关硬件组成。它支持楼宇之间通信所需的硬件,如电缆、光缆以及防止电缆上的脉冲电压进入建筑物的电气保护装置等。它相当于电话系统中的电缆保护箱及各建筑物之间的干线电缆。

## 第二节 综合布线系统设计

在设计综合布线系统时,应按照建筑物的特点和客观需要,结合工作实际,采取统筹兼顾、因地制宜的原则,从综合布线系统的标准、规范出发,在总体规划的基础上,进行综合布线系统工程的各项子系统的详细设计。

### 一、综合布线系统的设计标准

1985年,计算机通信工业协会(CCIA)提出了大楼布线系统标准化的要求。随后美国电子工业协会(EIA)及美国电信工业协会(TIA)开始了有关布线系统标准的制定工作。1991年推出了商业大楼电信布线标准ANSI/EIA/TIA568,此后又陆续发布了涉及布线通道及空间、管理、电缆性能、连接硬件性能等的相关标准。1985年底,ANSI/EIA/TIA568正式更新为ANSI/EIA/TIA568A,同时国际标准化组织(ISO)也推出了其相应的布线标准ISO/IEC/IS11801。这些标准确立了"结构化布线系统"的概念,即一个能够支持任何用户选择的话音、数据、图形、图像应用的电信布线系统。

目前综合布线系统的标准一般有下列几种。

(1) 美国国家标准协会/TIA/EIA-607:《商业建筑物电信布线接地及接线要求》。

(2) 美国国家标准协会/TIA/EIA-606:《商业建筑物电信基础设施管理标准》。

(3) 美国国家标准协会/TIA/EIA-568B:《商业建筑物电信布线标准》。

(4) 美国国家标准协会/TIA/EIA-570A:《家居布线标准》。

(5) 美国国家标准协会/TIA/EIA-568A:《商业建筑电信路径和空间标准》。

(6) 国际布线标准ISO/IEC11801:《信息技术——用户建筑物综合布线》。

### 二、综合布线系统设计等级确定

对于建筑物与建筑群的工程设计,应根据实际需要,选择适当的综合布线系统。

一般可根据非屏蔽双绞缆线（UTP）、屏蔽双绞缆线和光纤缆线以及相关支撑的硬件设备材料的选择定为三种不同的布线系统等级。

### （一）基本型综合布线系统

基本型综合布线系统适用于配置建筑物标准较低的场所，通常可采用铜芯缆线组网，以满足语音或语音与数据综合而传输速率要求较低的用户的需求，基本型综合布线系统要求能够全面过渡到数据的异步传输或综合型布线系统。它的基本配置如下：

(1) 每一个工作区有一个信息插座（每 $10 \text{ m}^2$ 设一个信息插座）；
(2) 每一个工作区有一条水平布线四对 UTP 系统；
(3) 完全采用 110 A 夹接式硬件，并与未来的附加设备兼容（例如美国 AVAYA 科技公司的 SYSTIMAX 产品）；
(4) 每一个工作区的干线电缆至少有两对双绞线。

### （二）增强型综合布线系统

增强型综合布线系统适用于建筑物标准为中等的场所，布线要求不仅具有增强的功能，而且还为增加功能提供发展余地，增强型综合布线系统不仅支持语音和数据的应用，还支持图像、影像、影视、视频会议等。增强型综合布线系统可先采用铜芯缆线组网，并能够利用接线板进行管理，以满足语音或语音与数据综合而传输速率要求一般的用户的需求。它的基本配置如下：

(1) 每一个工作区有两个以上信息插座（每 $10 \text{ m}^2$ 设两个信息插座）；
(2) 每一个信息插座均有水平布线四对 UTP 系统；
(3) 具有夹接式(110 A)或接插式(110 P)交接硬件；
(4) 每一个工作区的电缆至少有三对双绞线。

### （三）综合型综合布线系统

综合型综合布线系统适用于建筑物配置标准较高的场所，布线系统不但采用了铜芯对绞电缆，而且为了满足高质量的高频宽带信号的要求，采用光纤缆线和双介质混合体缆线（铜芯缆线和光纤线混合成缆）组网。它的基本配置如下：

(1) 在建筑、建筑群的干线或水平布线子系统中配置光缆；
(2) 在每一个工作区的水平配线电缆内配有四对双绞线；
(3) 每一个工作区的干线电缆中应有三对以上的双绞线。

夹接式交接硬件系指夹接、绕接固定连接的交接。接插式交接连接硬件系指用插头、插座连接的交接。

综合布线连接件能满足所支持的语音、数据、视频信号的传输要求。设计人员在设计系统时，应按照智能建筑物中用户近期和远期的通信业务及使用要求、计算机网络及使用要求、建筑物物业管理人员的使用要求及设备配置和内容进行全面评估,并按用户的投资能力及使用要求进行等级设计,从而选用合适的综合布线缆线及有关连接硬件设施。选用缆线及相关连接件的各项指标应高于综合布线设计指标,才能保证系统指标得以满足。但不一定越高越好,若选得太高,会增加工程造价;而选得太低,则不能满足工程需要,所以应当恰如其分。若采用屏蔽措施,则全通道所有部件都应选用带屏蔽的硬件,而且应按设计要求做良好的接地,才能保证屏蔽效果。还应根据其传输速率,选用相应等级的缆线和连接硬件。

### (四) 综合布线设计要领

综合布线随着科技的发展和新产品的问世而逐步完善并走向成熟。在设计时,提出并研究近期和长远的需求是非常必要的。一定要从实际出发,不可脱离实际,盲目追求过高的标准,造成浪费。系统的设计第一步应与建筑设计同步进行,即要求建筑设计时考虑设置建筑物中的综合布线系统的基础设施。综合布线系统的基础设施包括设备间、楼层管理间和介质布线系统。故综合布线系统的设计首先应确定设备间的位置与大小,确定干线及水平线的路由及布线方式,确定建筑物电缆入口位置,以便建筑设计时能综合考虑设备间、楼层管理间及电井的位置,确定布线需用的管线槽盒。

综合布线系统的设计人员在开始设计时,应做好以下几项工作:

(1) 评估和了解智能建筑或建筑群内办公室等场所用户的信息通信需求;

(2) 评估和了解智能建筑或建筑群物业管理用户对弱电系统设备布线的要求;

(3) 了解弱电系统布线的水平与垂直通道、各设备机房位置等建筑环境;

(4) 根据上述情况来决定采用适合本建筑或建筑群的布线系统设计方案和布线介质及相关配套的支撑硬件(如一种方案为铜芯缆线和相关配套的支撑硬件,另一种方案为铜芯缆线和光纤缆线综合以及相关配套的支撑硬件);

(5) 完成智能建筑中各个楼层面的平面布置图和系统图;

(6) 根据所设计的布线系统列出材料清单。

综合布线系统设计步骤流程图如图8-2所示。

一个完善而合理的综合布线的目标是:在既定时间内,当集成过程中提出新的需求时,不必再去进行水平布线,以免损坏建筑结构或装饰。

## 三、综合布线系统设计

### (一) 工作区子系统设计

**1. 工作区子系统概述**

工作区是指一个独立的需要设置终端设备的区域(如图8-3所示)。综合布线系

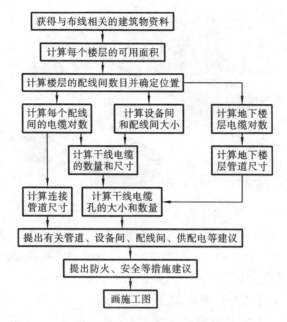

图 8-2 综合布线系统设计流程图

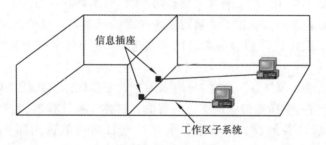

图 8-3 工作区子系统

统中的工作区由配线(水平)布线系统的信息插座延伸到工作站终端设备处的连接电缆及适配器组成,包括装配软线、连接器和连接所需的扩展软线,并在终端设备和输入输出之间搭接。它相当于电话系统中电话机及其连接到电话插座的用户线部分。工作区的终端设备可以是电话、数据终端、计算机,也可以是检测仪表、传感探测器等。工作区子系统中的插座连接实例如图 8-4 所示。

工作区的电话、计算机、监视器及控制器等终端设备可用接插线直接与工作区的每一个信息插座相连接,但由于接口形状或信号的差异,一些终端设备需要选择适当的适配器和平衡/非平衡转换器进行转换才能连接到信息插座上。

## 2. 工作区子系统的设计要求

工作区布线一般为非永久的布线方式,它随着应用终端设备的种类而改变。从系统的整体性和系统性来看,工作区布线也是整个布线系统中不可缺少的组成部

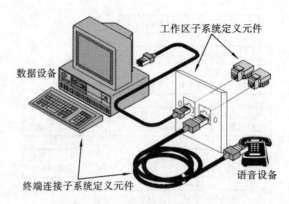

图 8-4　工作区子系统中的插座连接

分。故在综合布线系统工程设计中,应本着技术先进、经济合理的原则,科学合理地确定信息插座的数量。有关的设计规范中对工作区的设计也提出了一些要求。

(1) 确定布线系统中信息插座的数量。一个工作区的服务面积可按 $5\sim10\ m^2$ 计算(一般为 $10\ m^2$),每个工作区可以设置一部电话或一台计算机终端,或者既有电话又有计算机终端,也可根据用户提出的要求并结合系统的设计等级进行设置。

(2) 应根据楼层(用户)类别及工程提出的近、远期终端设备要求来确定每层的信息点(TO)数,信息点数及位置的确定应考虑终端设备将来可能产生的移动修改、重新安排以及一次性建设和分期建设的方案选定(应为将来扩充留出一定的富余量)。

(3) 信息插座必须具有开放性,与应用无关。工作区的信息插座应达到如下要求:工作区的任何一个插座都应该支持电话机、数据终端、计算机、电视机、传真机以及监视器等终端设备的设置和安装。信息插座目前一般选用国际标准的 RJ45 插座。

(4) 工作区子系统的信息插座技术指标必须符合相关标准,比如衰减、串扰(包括近端串音及远端串音)、回波损耗等。购买的网卡类型接口要与线缆类型接口保持一致。

(5) 信息插座应距离地面 300 mm 以上,信息插座与计算机的距离保持在 5000 mm 以内。为便于有源终端设备的使用,信息插座附近设置单相三孔电源插座。信息插座与电源插座布局如图 8-5 所示。

(二) 水平子系统设计

**1. 水平子系统的基本要求**

水平子系统(如图 8-6 所示)是综合布线系统的分支部分,具有面广、点多等特点。它由工作区用的信息插座及其所在楼层配线架(FD)以及它们之间的缆线组成。

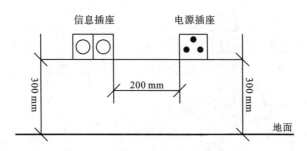

图 8-5 信息与电源插座的布局

水平子系统设计范围遍及整个智能化建筑的每一个楼层,且与房屋建筑和管槽系统有密切关系;水平子系统设计涉及水平子系统的传输介质和部件集成,在设计中应注意相互之间的配合。

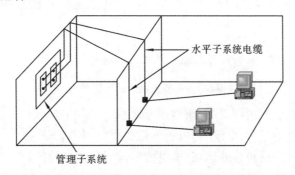

图 8-6 水平子系统

水平子系统的设计包括网络拓扑结构、设备配置、缆线选用和确定最大长度等内容,它们各自独立,但又密切相关,在设计中需综合考虑。水平子系统的网络结构都为星型结构,它是以 FD 为主节点,各个信息插座为分节点,二者之间采取独立的线路相互连接,形成以 FD 为中心向外辐射的星型线路网状态。这种网络结构的线路较短,有利于保证传输质量、降低工程造价和维护管理。

水平子系统的布线线缆长度等于楼层配线间或楼层配线间内互连设备电端口到工作区信息插座的缆线长度。水平子系统的双绞线最大长度为 90 m。工作区、跳线及设备电缆总和不超过 10 m,即 $A+B+E \leqslant 10$ m。图 8-7 给出了水平子系统布线的距离限制。

当需要有转换接点时,布线距离如图 8-8 所示。设计者要合理安排好弱电竖井的位置,如果水平线缆长度超过 90 m,则要增加分配线架(IDF)或弱电竖井的数量。

设计水平子系统时,确定水平布线方案、线路定向和路由,要根据建筑物的结构、布局和用途,以使路由简短、施工方便。

在水平布线通道内,关于电信电缆与分支电源电缆要注意以下几点:

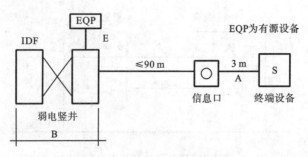

图 8-7　水平子系统布线距离

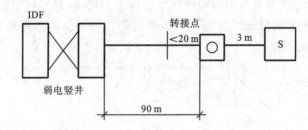

图 8-8　有转换接点的布线规格

（1）可以用电源管道障碍（金属或非金属）来分隔电信电缆与电源电缆；

（2）屏蔽的电源导体（电缆）与电信电缆并线时不需要分隔；

（3）在工作站的信息口或间隔点，电信电缆与电源电缆的距离最小应为 60 mm；

（4）对非屏蔽的电源电缆，最小的距离为 100 mm。

**2. 水平子系统的设计原则**

水平子系统应根据用户对工程提出的近期和远期的终端设备要求，每层需要安装的信息插座数量及其位置，终端将来可能产生移动、增加和重新安排的预测情况，一次性建设或分期建设的方案等要求进行设计。

水平子系统应采用四对对绞线和八针脚模块化插座，在高速率应用的场合，也可采用光缆及其连接硬件。水平子系统应根据整个系统的要求，在交接间或设备间的配线设备上进行连接，以构成语音、数据、图像、建筑物监控等系统并进行管理。

一个给定的综合布线系统设计可采用多种类型的信息插座。信息插座应在内部进行固定线连接。为了在交叉连接处便于链路管理，不同类型的信号应规定在相应的线缆对上传输，并用统一的色标表示。为了适应语音、数据、多媒体及监控设备的发展，语音及监控部分应选用较高类型的双绞电缆，数据及多媒体部分应选用光缆。设计水平线缆走向应便于维护和扩充。

**3. 水平子系统的布线方法**

水平布线是将线缆从配线间接到每一楼层的工作区的信息插座上。要根据建筑物的结构特点，从路由（线）最短、造价最低、施工方便、布线规范和扩充简便等几个方面考虑。但由于建筑物中的管线比较多,常会遇到一些矛盾,故设计水平子系统必须折中考虑,选取最佳的水平布线方案。下面几种方法可以单独使用,也可混合使用。

1) 电缆槽道布线法

线槽由金属或阻燃高强度聚氯乙烯(PVC)材料制成,通常悬挂在天花板上方的区域或者安装在吊顶内,用横梁式线槽将电缆引向所要布线的区域。由弱电井出来的缆线先走吊顶内的线槽,到各房间后,经分支线槽从横梁式电缆管道分叉后将电缆穿过一段支管引向墙柱或墙壁,沿墙而下到本层的信息出口(或沿墙而上,在上一层楼板钻一个孔,将电缆引到上一层的信息出口),最后端接在用户的插座上,如图8-9所示。

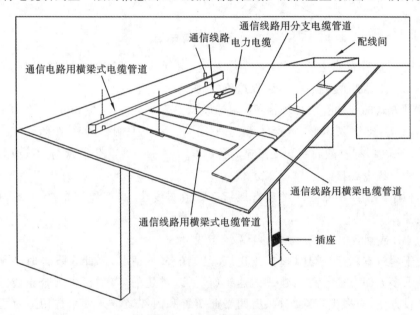

图8-9 电缆槽道布线法

在设计、安装线槽时应多方考虑,尽量将线槽放在走廊的吊顶内,并且去各房间的支管应适当集中至检修孔附近,便于维护。弱电线槽可走综合布线系统、公用天线系统、闭路电视系统(24V以内)及楼宇自控系统信号线等弱电线缆,这样可降低工程造价。同时由于支管经房间内吊顶贴墙而下至信息出口,在吊顶与其他的系统管线交叉施工,可减少工程协调量。

类似于电缆槽道布线法的还有区域布线法、内部布线法、插通布线法等。

2) 地面线槽布线法

地面线槽布线法(如图8-10所示)是弱电井出来的线缆走地面线槽(每隔4～8m)到地面出线盒,或由分线盒出来的支管到墙上的信息出口的布线方式。由于地面出线盒或分线盒或柱体直接走地面垫层,因此,这种方式适用于大开间或需要隔

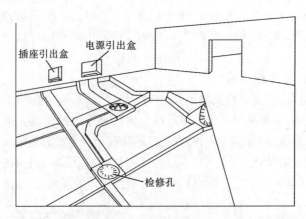

图 8-10 地面线槽布线法

断的场合。这种布线法适应各种布置和变化,灵活性大,但也需要较厚垫层,一般为 70 mm 以上,增加了楼板荷重,工程造价较高。

这种方式的线槽有两种规格:70 型外形尺寸 70 mm 宽×25 mm 厚,有效截面积 1470 $mm^2$,占空比取 30%,可穿 24 根水平线(三、六类混用);50 型外形尺寸 50 mm 宽×25 mm 厚,有效截面积 960 $mm^2$,可穿插 15 根水平线。分线盒与过线盒均有两槽或三槽分线盒拼接。

类似于地面线槽布线法的还有地板下管道布线法、高架地板布线法、蜂窝状地板布线法。

3) 旧(或翻新的)建筑物水平子系统布线

由于建筑有新建、扩建(包括改建)和已建的多种情况,因此在设计时必须根据具体情况多方面考虑。在已建成的建筑(包括改扩建的旧建筑)中综合布线系统的缆线敷设方法,应根据建筑结构、房间平面布置和内部装修条件来选用适宜可行的敷设方式。

对于改造的工程,配线子系统缆线的敷设方式应首选采用上面新建工程的各种缆线敷设方式,在这些方案不可行的情况下可采用明管(槽)缆线敷设方式。如果建筑结构好,且楼层净高较高,可考虑采用增设吊顶,在其内部敷设管路或槽道的方法。一般情况下不考虑暗敷地面线槽方式,因为地面线槽布线需要在原地板上加铺不小于 7 cm 厚度的垫层,建筑结构方面通常是不允许的。此外,通常还采用地板上导管布线法,利用护壁板、踢脚板或木墙裙等装置,在其内部敷设线路,也有采用特制模压管道等方法进行敷设。这些方法应根据使用特点和具体环境条件来选择。

(1) 护壁板电缆管道布线法。

护壁板电缆管道是一种沿建筑物墙壁护壁板(踢脚板)敷设的金属管道。电缆管道的前面板盖是活动的,可以移开。信息插座可装在沿管道的任何位置上。电力电缆和通信电缆必须用接地的金属隔板隔开(防止电磁干扰)。如图 8-11 所示。这种布线方式通常用于墙上装有很多插座的小楼层区,通常是沿墙根走线。

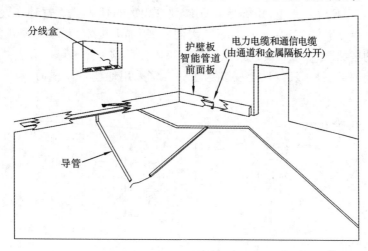

图 8-11 护壁板电缆管道布线法

(2)模压电缆管道布线法。

特制模压电缆管道是一种金属模压件。它被固定在接近顶棚与墙壁接合处的过道或墙上,管道连接到配线间。在穿越墙壁时用小套管连通,以便电缆经套管穿放到另一房间;在房间内,另外的模压件将连到插座的电缆隐蔽起来。已建好的大楼没有预留走线缆的通道,这时可考虑采用这种方式,既美观,又能保护缆线,且隐蔽和安全(如图 8-12 所示)。

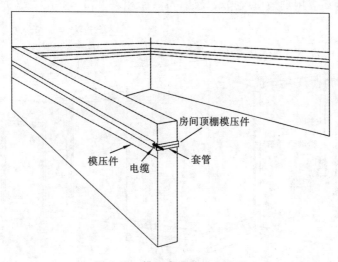

图 8-12 模压电缆管道布线法

(3) 地板导管布线法。

地板导管布线法(如图 8-13 所示)是把保护并支撑电缆的金属管道固定在地板上,盖板紧固在导管基座上,电缆藏在金属导管内的布线方式。这种布线方法具有安装简单快速的优点,适用于通行量不大的区域(如办公室)和不是通道的场合(如沿靠墙壁的区域)。一般不要在过道或主楼层区使用这种布线法。信息插座应设在不影响活动的部位,一般以墙上安装为主。直接采用地毯下布线时,可采用扁平式电缆。

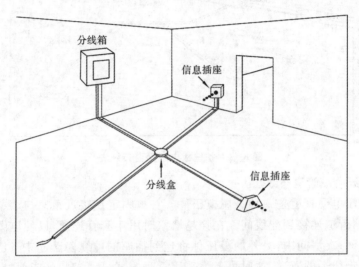

图 8-13 地板导管布线法

另外有时还会用到通信线槽敷设法(可参阅相关书籍),如图 8-14 所示。

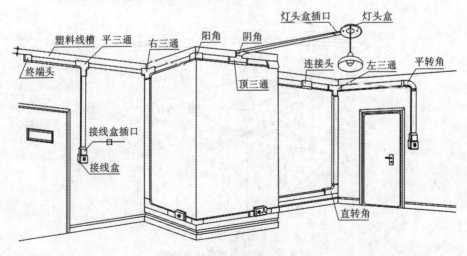

图 8-14 通信线槽敷设法

## （三）干线子系统设计

**1. 干线子系统概述**

干线子系统（backbone subsystem）是建筑物内部的主干传输电缆，它把来自各个接线间和二级交接间的信号传送到设备间，直至最终接口，或再通往外部网络。干线子系统提供建筑物干线电缆的路由，是综合布线系统的主动脉。主干线必须支持和满足当前的需要，同时又能够适应未来的发展。干线子系统包括的缆线通道有以下几个：

（1）干线或二级交接间和设备间的竖向或横向的电缆走线用的通道；

（2）设备间和网络接口之间的连接电缆或设备间与建筑群子系统各设备间的电缆；

（3）干线接线间与各二级交接间之间的连接电缆；

（4）主设备间和计算机主机房之间的干线电缆。

主干布线是当今通信系统中的关键链路。一条主干缆线发生故障，有可能使几百个用户受到影响。故主干布线的设计是关系全局的问题，必须予以充分的重视。

**2. 干线子系统设计原则及步骤**

1）干线子系统设计的基本原则

（1）干线子系统中的主干线路总容量的确定应根据综合布线系统中语音和数据信息共享的原则和采用类型的等级（即基本型、增强型和综合型）进行估计推算，并适当考虑今后的发展余地。

（2）干线子系统中，不允许有转折点 TP（transition point）。从楼层配线架到建筑群配线架间只应通过一个配线架，即建筑物配线架。当综合布线系统只用一级干线布线进行配线时，放置干线配线架的二级交接间可以并入楼层配线间。

（3）干线是建筑物内综合布线系统的主干缆线，是楼层之间垂直缆线的统称。与干线子系统有关的两个重要参数是介质的选择和干线对数的确定。介质的选择包括铜缆和光缆的选择，这是根据系统所处环境的限制和用户对系统等级的考虑而定的；干线对数的确定则主要根据水平配线对数的多少以及业务和系统的情况来确定。

（4）干线电缆可采用点对点端接，也可采用分支递减端接以及电缆直接连接。如果设备间与计算机机房处于不同的地点，而且需要把语音电缆连至设备间，把数据电缆连至计算机机房，则应在设备中选取干线电缆的不同部分来分别满足不同路由的语音和数据的需要。

（5）干线子系统应选择干线电缆最短、最安全和最经济的路由。弱电缆线不应布放在电梯、供水、供气、供暖、强电等竖井中。

（6）在大型建筑物中，干线子系统可以由两级甚至三级组成，但不应多于三级。

按照 EIA/TIA-568 标准和 ISO/IEC11801 国际布线标准,干线子系统布线最大距离如图 8-15 所示。

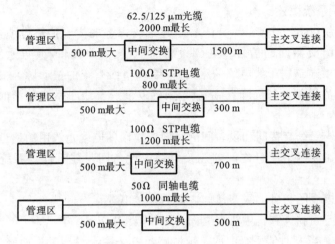

图 8-15　干线子系统布线标准

2) 干线子系统的设计步骤

干线子系统设计的目标是选择干线线缆最短、最安全和最经济的路由,必须既满足当前的需要,又适应将来的发展。干线子系统通常可按下列步骤进行设计:

(1) 确定每层楼的干线要求;
(2) 总结整栋楼的干线要求;
(3) 确定从每一楼层到设备间的干线电缆的路由;
(4) 确定干线交接间与二级交接间之间的接合方法;
(5) 根据选定的接合方法确定干线电缆的尺寸;
(6) 确定加横向线缆所需的支撑结构。

**3. 干线子系统的布线距离**

综合布线干线子系统布线的最大距离应符合图 8-16 所示的要求,即建筑群配线架(CD)到楼层配线架(FD)间的距离不应超过 2 km,建筑物配线架(BD)到楼层配线架的距离不应超过 500 m。采用单模光缆时,建筑群配线架到楼层配线架的最大距离可以延伸到 3 km。采用六类双绞电缆时,对传输速率超过 1 kMbps 的高速应用系统,布线距离不应超过 90 m。否则应选用单模或多模光缆。在建筑群配线架和建

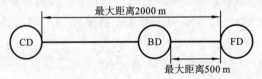

图 8-16　干线子系统布线最大距离

筑物配线架上,接插线和跳线的长度超过 20 m 的长度应从允许的干线电缆最大长度中扣除。把电信设备(如程控用户交换机)直接连接到建筑群配线架或建筑物配线架的设备电缆、光缆长度不宜超过 30 m。如果使用的设备电缆、光缆超过 30 m,干线电缆、光缆长度应相应减少。

为使路由安全并符合网络结构的要求,满足用户信息点和缆线分布的需要,建筑物干线子系统的垂直主干路由位置和管理区域应力求使干线电缆的长度最短。布线时常将设备间主配线架放置于大楼的中间位置,使得从设备间到各层交换间的路由距离不超过 100 m。

若安装长度超过了规定的距离限制,就要将其划分为几个区域,每个区域由满足要求的干线来支持,进行二级干线交接。当每个区域的相互连接都超出了这个标准范围时,一般要借用设备或借鉴应用广泛的新技术来加以解决。当某些特殊的系统超过了这个最大距离而不能正常运行时,主干布线的传输介质中也可加入中继器等有源器件进行信号中转。延伸业务可能从远离配线架的地方进入建筑群或建筑物。延伸业务引入点到连接这些业务的配线架间的距离,应包括在干线布线的距离之内。若有延伸业务接口,与延伸业务接口位置有关的特殊要求也会影响这个距离,应记录所用线缆的型号和长度,必要时还应提交给延伸业务提供者。

**4. 干线子系统的线缆及选择**

干线子系统布线应能满足不同用户的需求。根据应用特点,需要选择传输介质。选择介质一般是基于如下考虑的:业务的灵活性、布线的灵活性、布线所要求的使用期、现场大小和用户数量。每条特定介质类型的电缆都有其特点和作用,以适应不同的情况。若一种类型的电缆不能满足同一地区所有用户的需要时,就必须在主干布线中使用一种以上的介质。在这种情况下,不同介质将使用同一位置的交叉连接设备。

一般地,干线电缆可选择 100 Ω 双绞电缆、62.5/125 $\mu$m 多模光缆、50/125 $\mu$m 多模光缆和 8.3/125 $\mu$m 单模光缆几种传输介质,它们可单独使用也可混合使用。

针对语音传输一般采用三类大对数双绞电缆(25 对、50 对等),针对数据和图像传输采用多模光缆或五类及以上大对数双绞电缆。主干缆线通常应敷设在开放的竖井和过线槽中,必要时可予以更换和补充。在设计时,对主干线子系统一般以满足近期需要为主,根据实际情况进行总体规划,分期分步实施。

在带宽需求量较大,传输距离较长,保密性、安全性要求较高的干线,以及雷电、电磁干扰较强的场所,应首先考虑选择光缆。

选择单模光缆还是多模光缆,要考虑数据应用的具体要求、光缆设备的相对经济性能指标及设备间的最远距离等情况。多模光缆以发光二极管(LED)作为光源,适合的局域网速度为 622 Mbps,可提供的工作距离从 300~2000 m 不等,与利用激光器光源在单模光缆上工作的设备相比更加经济实惠。因发光二极管的工作速度不够快且不足以传送更高频率的光脉冲信号,故在千兆字节的高速网络应用中需要采用激光光源。因此单模光缆可以支持高速应用技术及较远距离的应用情况。根据单模光缆和多模光缆的不同特点,大楼内部的主干线路宜采用多模光缆,而建筑群之间的主干线路宜采用单模光缆。

五类(及以上)大对数双绞电缆容易引入线对之间的近端串扰(NEXT)以及它们间的近端串扰的叠加问题,这对于高速数据传输是十分不利的。另外,五类(及以上)25对缆线在110配线架上的安装比较复杂,技术要求较高,可以考虑采用多根4对五类(及以上)双绞电缆代替大对数双绞电缆。

**5. 干线子系统的布线方法**

通常理解的干线子系统是指逻辑意义的垂直子系统。事实上,干线子系统有垂直型的,也有水平型的。由于大多数楼宇都是向高空发展的,干线子系统则是垂直型的;但是,也有某些建筑物呈水平主干型(不要与水平布线子系统相混)。这意味着在一个楼层里,可以有几个楼层配线架。应该把楼层配线架理解为逻辑上的楼层配线架,而不要理解为物理上的楼层配线架。故主干线缆路由既可能是垂直型通道,也可能是水平型通道,或者是两者的综合。

在大楼内确定从管理间到设备间的干线路由,通常有如下四种方法。

1) 垂直干线的电缆孔方法

干线通道中所用的电缆孔是很短的管道,通常用直径为100 mm的一根或数根钢性金属管做成。它们嵌在混凝土地板中,这是在浇注混凝土地板时嵌入的,比地板表面高出25~100 mm。电缆往往捆在钢绳上,而钢绳又固定在墙上已铆好的金属条上。当配线间上下结构都能对齐时,一般采用电缆孔方法,如图8-17所示。

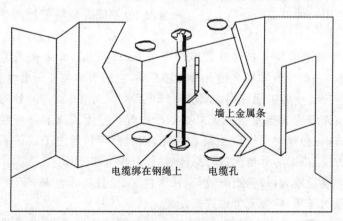

图8-17 垂直干线的电缆孔方法

2) 垂直干线的电缆井方法

电缆井方法常用于干线通道。电缆井是指在每层楼板上开出一些方孔,使电缆可以穿过这些电缆井并从这层楼伸到相邻的楼层,如图 8-18 所示。电缆井的大小依据所用电缆的数量而定。与电缆孔方法一样,电缆也是捆在地板三脚架上或箍在支撑用的钢绳上,钢绳靠墙上金属条或地板三脚架固定住。离电缆井很近的墙上立式金属架可以支撑很多电缆。电缆井的选择性非常灵活,可以让粗细不同的各种电缆以任何组合方式通过。

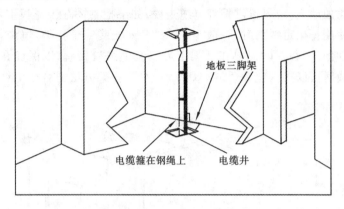

图 8-18 垂直干线的电缆井方法

电缆井方法虽然灵活,但在原有建筑物中用电缆井安装电缆造价较高,并且使用的电缆井很难防火。若在安装过程中没有采取措施去防止损坏楼板支撑件,则楼板的结构完整性将受到破坏。

3)水平干线的金属管道方法

金属管道方法是指在金属管道干线系统中,利用金属管道来安放和保护电缆。金属管道由吊杆支撑着,安装吊杆时,一般是间距 1 m 左右一对吊杆,所以吊杆的总量应为水平线的长度的 2 倍。如图 8-19 所示。

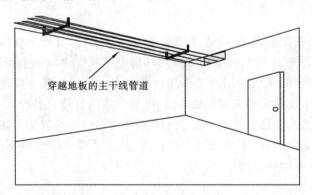

图 8-19 水平干线的金属管道方法

在开放式通道和横向干线系统中的金属管道对电缆起保护作用。金属管道不仅有防火的优点,而且它提供的密封和坚固的空间使电缆可以安全地延伸到目的地。但金属管道很难重新布置,因而不太灵活;同时造价也较高,必须事先进行周密的计划以保证金属管道粗细合适,并延伸到正确的地点。

4) 水平干线的电缆托架方法

托架方法有时也叫做电缆托盘,它们是铝制或钢制部件,外形像梯子。如果把它搭在建筑物的墙上,就可以供垂直电缆走线;如果把它搭在天花板上,就可供水平电缆走线。使用托架走线槽时,一般是1~1.5 m安装一个托架,电缆体在托架上,由水平支撑件固定,必要时还要在托架下方安装电缆铰接盒,以保证在托架上方已装有其他电缆时可以接入电缆(如图8-20所示)。托架方法适合于电缆数目较多的情况。

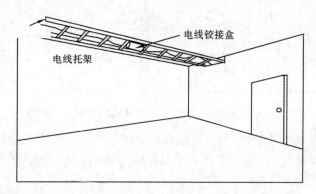

图8-20　水平干线的电缆托架方法

**6. 干线子系统的接合方法**

主干线路的连接方法(包括干线交接间与二级交接间的连接)主要有点对点端接、分支接合和混合连接3种。

1) 点对点端接法

点对点端接法是最简单、最直接的线缆接合方法,即每根干线电缆直接延伸到楼层配线间,如图8-21所示。此连接只用一根电缆独立供应一个楼层,其双绞线对数或光纤芯数应能满足该楼层的全部用户信息点的需要。其主要优点是主干路路由上采用容量小、质量轻的电缆单独供线,没有配线的接续设备介入,发生障碍时容易判断和测试,有利于维护管理,是一种最简单直接相连的方法。缺点是电缆条数多,增加了工程造价,占用干线通道空间较大,各个楼层电缆容量不同,安装固定的方法和器材不一而影响美观。

2) 分支接合方法

分支接合是采用一根通信容量较大的电缆,再通过接续设备分成若干根容量较小的电缆分别连到各个楼层,如图8-22所示。分支接合方式的主要优点是干线通道中的电缆条数少、节省通道空间,有时比点对点端接工程费用少。缺点是电缆容量

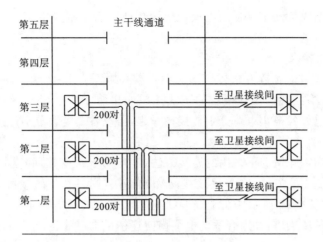

图 8-21 点对点端接布线图

过于集中,电缆发生障碍波及范围较大。由于电缆分支经过接续设备,在判断检测和分隔检修时增加了困难和维护费用。对于这种接合方法可分为两种情况,即单楼层接合与多楼层接合。

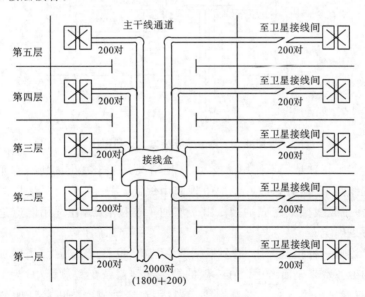

图 8-22 分支接合布线图

(1) 单楼层接合。

当干线接线间只用做通往各远程通信(卫星)接线间的电缆的过往点时,就采用单楼层接合方法,即干线接线间里没有提供端接 I/O 用的连接硬件。一根电缆通过干线通道而到达某个指定楼层,其容量足以支持该楼层所有接线间的通信需要。用一个适当大小的铰接盒把这根主电线与粗细合适的若干根小电缆连接起来,并把这些小电缆分别连到各个卫星接线间。

（2）多楼层接合。

该方法通常用于支持五个楼层的通信需要（以每五层为一组）。一根主电缆向上延伸到中点（第三层），在该楼层的干线接线间里装上一个接合盒,然后用它把主电缆与粗细合适的各根小电缆分别连接在一起,再把各个电缆分别连接上下各两层。

3) 混合连接

这是一种在特殊情况下采用的连接方法（一般有二级交接间），通常采用端接与连接电缆混合使用的方式,在卫星接线间完成端接,同时在干线接线间实现另一套完整的端接,如图 8-23 所示。在干线接线间里可以安装所需的全部 110 型硬件,建立一个白场—灰场接口,并用合适的电缆横向连往该楼层的各个卫星接线间。

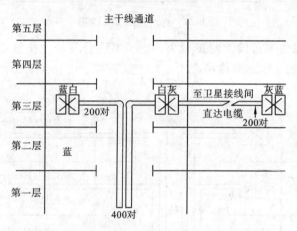

图 8-23　混合式连接方式布线图

直接连接是特殊情况下使用的技术：一种情况是一个楼层的所有水平端接都集中在楼层配线间,以便能更加方便地管理路由线路；另一种情况是楼层配线间分配线架太小,在主配线架上完成端接。由于增加了连接节点,在选用时应进行技术经济比较后再来确定。

采用上述哪一种接合方法,需要根据网络结构、设备配置情况、电缆成本并结合工作所需的劳务费来全面考虑。在一般的综合布线系统工程设计中,为了保证网络安全可靠,应首先选用点对点端接方法。当然,在经过成本分析后证明分支接合方法的成本较低时,也可以采用分支接合方法。

（四）建筑群干线子系统设计

几幢相邻建筑物或一个建筑物园区间有相关的语言、数据、图像和监控等系统,可用传输介质和各种支持设备（硬件）连接在一起。其连接各建筑物之间的传输介质和各种相关支持设备(硬件)组成综合布线建筑群干线子系统。

建筑群干线子系统提供建筑群间通信设施所需的硬件,包括电缆、光缆和防止电缆的浪涌电压进入建筑物的电气保护设备。建筑群之间还可采用无线通信手段,如微波、无线电通信等。

建筑群干线通信线路一般有架空和地下两种敷设方式。架空方式又分为立杆架设和墙壁挂放两种。根据架空线缆与吊线的固定方式又可分为自承式和非自承式两种。地下方式分为管道缆线敷设、直埋缆线敷设和巷道缆线敷设方式几种。

**1. 架空布线法**

所谓架空布线是用现成的电杆将线缆在建筑物之间悬空架设。对于自承式电缆或光缆,可直接架设在电杆之间或电杆与建筑物之间,对于非自承式线缆则首先需架设钢索(钢丝绳),然后在钢索上挂放缆线。

立杆架设通常用于不定型的街坊或刚刚建设的小区以及道路有可能变化的地段,在有其他架空杆路可利用采取合杆时,或者因客观条件限制无法采用地下方式时,需采用架空方式布线。

布线较长时,为避免线缆自身的重量牵拉导致线缆传输性能的改变,采用每隔一个标准长度对线缆进行固定的保护措施。

架空电缆通常穿入建筑物外墙上的 U 形钢保护套,然后向下(或向上)延伸,从电缆孔进入建筑物内部,如图 8-24 所示。电缆入口的孔径一般为 50 mm(推荐另设一根同样口径的备用管道)。通常建筑物到最近处的电线杆距离应小于 300 mm。通信电缆与电力电缆之间的间距应按照当地城管等部门的有关法规布线。

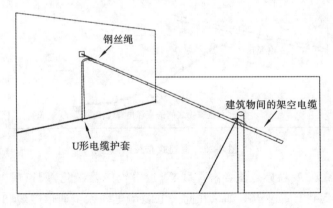

图 8-24 架空式布线示意图

如果架空线的间隙有问题,可以使用天线杆形的入口,这个天线杆的支架一般不超出屋顶高 1200 mm,如果超出此高度,就应该使用拉绳固定。此外天线杆形入口杆应超过屋顶的高度 2400 mm 为妥,这个高度刚好使工人接触到电缆。

架空方式施工建筑技术较简单,建设速度较快,能适应今后的变动,易于拆除、迁移、更换或调整,便于扩建增容,初次工程投资较低。但它易受外界腐蚀和机械损伤,影响电缆使用寿命,产生障碍的机会较多,对通信安全有所影响,对周围环境美观也有影响。

**2. 地下布线法**

1) 直埋布线法

电缆(或光缆)直埋敷设是沿已选定的路线挖沟,然后把线缆埋在里面。一般在线缆根数较少而敷设距离较长时采用此布线法。

直埋电缆应按不同环境条件采用不同方式安装电缆,一般不用塑料护套保护电缆。电缆沟的宽度应视埋设线缆的根数决定。

线缆埋设深度,一般要求线缆的表面距地面不小于 0.6 m,遇到障碍物或冻土层较深的地方,则应适当加深,使线缆埋于冻土层以下。当无法埋深时,应采取措施,防止线缆受到损伤。在线缆引入建筑物与地下建筑物交叉及绕过地下建筑物处,则可浅埋,但应采取保护措施。直埋线缆的上下部应铺以不小于 100 mm 厚的软土或细沙层,并盖上混凝土保护板,其覆盖宽度应超过线缆两侧各 50 mm,也可用砖块代替混凝土盖板。电缆直埋布线如图 8-25 所示。

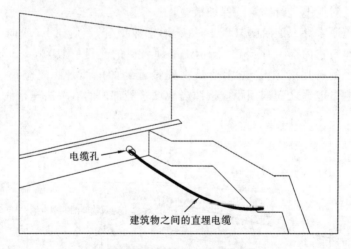

图 8-25　直埋式布线示意图

城市建筑的发展趋势是使各种缆线、管道等设施隐蔽化,所以弱电电缆和电力电缆全埋在一起将日趋普遍。如果在同一电缆沟里埋入了通信电缆和电力电缆,应设立明显的共有标志。这样的共用结构要求有关部门在设计、施工,乃至未来的维护工作中相互配合、通力合作。这种协作可能会增加一些成本。此外,这种公用设施也日益需要用户的合作。所以,综合布线是为改善所有公用部门的合作而提供的建设性方法,这种结构既吸引人,又很经济。

在选择最灵活、最经济的直埋布线路由时,主要的物理影响因素是土质、地下状况、公用设施(如下水道、水、电、气管道)、天然障碍物(如树木、石头)以及现有和未来的障碍物(如游泳池、表土存储场或修路)等。

当缆线与街道、园区道路交叉时,应穿保护管(如钢管),缆线保护管顶面距路面不小于 1 m,管的两端应伸出道路路面。缆线引入和引出建筑物基础、楼板和过墙时均应穿钢管保护。穿越建筑物基础墙的缆线保护管应尽量延伸至没有动土的地方。

直埋缆线敷设较架空电缆安全,产生障碍的机会少,有利于使用和维护;线路隐蔽、环境美观;初次直埋工程投资较管道布线低,不需建入孔和管道,施工技术也比较简单,维护工作费用较少;不受建筑条件限制,与其他地下管线发生矛盾时,易于躲让和处理。

实际上,直埋布线的选址和布局是针对每项作业对象专门设计的,而且必须在对各种方案进行了工程研究后才能作出决定。

2) 管道布线法

管道布线是一种由管道和入孔组成的地下系统,它把建筑群的各个建筑物进行互连。图 8-26 给出一根或多根管道通过基础墙进入建筑物内部的结构。由于管道是由耐腐蚀材料做成的,所以这种布线方法为电缆提供了最好的机械保护,使电缆免受损害,而且不会影响建筑物的外观及周围环境。

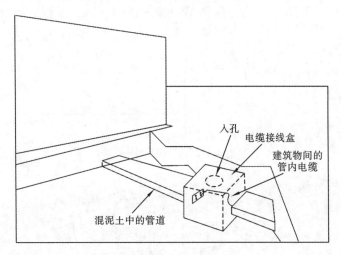

图 8-26 管道式布线示意图

管道电缆不宜采用钢管安装结构,一般采用塑料护套电缆。电缆管道宜采用混凝土排管、塑料管、钢管和石棉水泥管。混凝土管的管孔内径一般为 70 mm 或 90 mm,塑料管、钢管和石棉水泥管等用做主干管道时可用内径大于 75 mm 的管子。上述管材的管道可组成矩形或正方形并直接埋地敷设。埋设深度一般为 0.8~1.2 m。电缆管道应一次留足必要的备用孔数,当无法预计发展情况时,可留 10% 的备用孔但不少于 1~2 孔。

电缆管道的基础一般为混凝土。在土质不好、地下水位较高、冻土线较深和要求抗震设防的地区，宜采用钢筋混凝土基础和钢筋混凝土入孔。在线路转角、分支处应设入孔井，在直线段上，为便于拉引线缆也应设置一定数量的入孔井，每段管道的段长一般不大于 120 m，最长不超过 150 m，并应有大于或等于 2.5% 的坡度。

在电源入孔和通信入孔合用的情况下（入孔里有电力电缆），通信电缆不能在入孔里进行端接；通信管道与电力管道必须至少用 80 mm 的混凝土或 300 mm 的压实土层隔开。安装时至少应埋设一个备用管道并放进一根拉线，供以后扩充之用。

管道缆线敷设使得电缆有最佳的保护措施，比较安全，可延长电缆使用年限；产生障碍机会少，不易影响通信，有利于使用和维护；线路隐蔽，环境美观，整齐有序，较好布置。但各种地下管线设施产生的矛盾较多，协调工作较复杂。对于小区或道路尚不定型，今后有可能变化的地段，地下有化学腐蚀或电气腐蚀的地段，地下管线和障碍物较复杂且断面位置受限制的地段，以及地质情况不稳定，土质松软、塌陷地段，地面高度相差较大和地下水位较高的地段，均不适宜使用管道布线法。

3）巷道布线法

巷道布线法在砌筑的电缆通道内，先安装金属支架，通信缆线则布放在金属支架上。巷道有明暗两种，应视路由条件来定。这种布线方法维护、更换、扩充线缆非常方便，如果与其他弱电系统合用将是一种不错的选择。在满足净距要求的条件下，通信线缆也可以与 1 kV 以下的电力电缆共同敷设。巷道布线如图 8-27 所示。

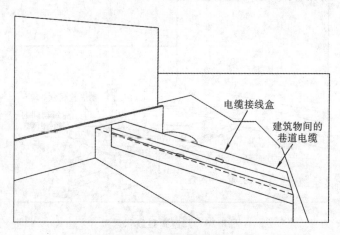

图 8-27 巷道布线示意图

巷道布线的电缆通道敷设线路隐蔽、安全稳定，不受外界影响；施工简单，工作条件较直埋好；查修障碍和今后扩建均比较方便；可与其他弱电线路合建综合性公用设施，可节省初次工程投资。巷道布线常用于特殊场合或重要场所，如要求各种管线综合建设公共设施的地段，以及已有电缆沟道且可使用的地段。

建筑群的各种缆线敷设方式，都需要有一定的条件并有具体要求。因此，在选用缆线敷设方式时,应根据综合布线建筑群干线子系统所在地区的规划要求、地上或地下管线的平面布置、街坊或小区的建筑条件、对施工和维护是否方便以及环境美观要求等诸多因素综合研究,全面考虑,选用其中一种或上述几种的组合方式。如果在同一段落中有两种以上的敷设方式可选用时,应在进行技术经济比较后,选用较为合理的敷设方式。在设计之前应通过现场勘察了解整个园区(建筑群)的基本情况,掌握第一手资料,包括园区的大小、建筑物的多少、各个建筑入口管道位置、园区的环境状况、地上地下是否有障碍物等,在充分调研的基础上综合确定科学合理、切实可行的线路路由方案和缆线敷设方式。

## 第三节 综合布线系统的电气保护与接地设计

### 一、综合布线系统的电气防护设计

#### (一) 综合布线系统采取防护措施的必要性和重要性

综合布线系统是否采取防护措施,主要是基于电磁兼容来考虑的。所谓电磁兼容(EMC)是指电子设备或网络系统能够在比较恶劣的电磁环境中工作,具有一定的抵抗电磁干扰的能力,同时电磁辐射不能过量,以免干扰周围其他设备及网络的正常工作。

随着通信技术的发展,外界电磁环境日趋恶劣,新的电磁干扰源不断产生,数据通信速率迅速增长,包括语音、数据及高质量的图像信号,同时局域网技术的工作频率也迅速提高。但高频信号既易受到电磁干扰,又易产生电磁辐射。过量的电磁辐射除了干扰周围其他系统正常工作外,还可能导致信息失密,不能保证网络的安全运行。为此,在综合布线系统工程设计中,必须根据智能化建筑和智能化小区所在环境的具体情况和建设单位的要求,进行具体的调查研究,采取相应的防护措施。

电磁兼容问题在欧洲受到高度重视,有一系列有关 EMC 的法规及标准,如 89/336/EEC、EN55022 及 EN55024 等。按照规定,从 1996 年 1 月起,欧盟强制执行 EMC 规定,要求所有有源设备必须符合 EMC 规定。综合布线系统本身属于无源系统,但是一旦与有源网络设备相连构成系统,它也须服从 EMC 的相应规定。故欧洲大多生产厂家以屏蔽系统(FTP)为主,而以北美为代表的其他各国则大多采用非屏蔽系统(UTP)。

UTP 电缆属于平衡传输系统,利用扭绞来抵消电磁干扰及电磁辐射,但要求绞接节距必须充分小于电磁干扰或信号的波长。非屏蔽系统在较低的工作频带(30 MHz)内具有一定的电磁兼容能力,能在一定的电磁环境中正常工作。借助于压缩编码技术,UTP 也可用于高速数据网络,如 ATM155Mbps 采用 CAP16 编码技术可将带宽压缩到 25.8 MHz。

屏蔽系统的缆线是在普通非屏蔽系统的缆线外面,加上金属材料制成的屏蔽层,利用金属屏蔽层的反射、吸收及集肤效应来抵消电磁干扰和电磁辐射,频率越高,屏蔽层的效果越明显。对于低频(<5 MHz)电磁波,金属屏蔽层屏蔽作用比较弱,主要利用双绞线的平衡性来抵消。目前采取屏蔽结构的缆线都是利用了双绞线的平衡原理和屏蔽层的良好屏蔽作用,具有良好的电磁兼容性,保证系统能够在较为恶劣的电磁环境中正常传输信息。

(二) 电气防护的物理间距

根据我国国家标准《智能建筑设计标准》(GB/T50314—2006)和《综合布线系统工程设计规范》(GB 50311—2007)的相关规定,有关综合布线系统的防护标准要求,目前应从以下几方面考虑。

(1) 在系统的布线区域内,当存在场强大于 3 V/m 电磁干扰时,应采取防护措施。

(2) 智能建筑应采用总等电位连接,各楼层的智能化系统设备机房、楼层弱电间、配线间、楼层配电间等的接地采用局部等电位连接。

(3) 布线系统中应避免有线电视等电缆对非屏蔽布线电缆及配线设备的同频干扰。有同频干扰时,应对有线电视等电缆采取有效屏蔽措施或采用屏蔽布线电缆和屏蔽配线设备。

(4) 综合布线系统与各相关的干扰源应保持一定的间隔距离。当要求的间距不能保证时,应采取防护措施。

(5) 综合布线电缆与附近可能产生高电平电磁干扰的电动机、电力变压器等电气设备之间应保持必要的间距。

综合布线电缆与电力电缆等干扰源的间距应符合表 8-1 所示的要求。

表 8-1　综合布线电缆与电力电缆的间距

| 类　　别 | 与综合布线接近状况 | 最小净距/mm |
| --- | --- | --- |
| 380 V 电力电缆<br><2 kV·A | 与缆线平行敷设 | 130 |
| | 有一方在接地的金属线槽或钢管中 | 70 |
| | 双方都在接地的金属线槽或钢管中 | 10 |

续表

| 类别 | 与综合布线接近状况 | 最小净距/mm |
|---|---|---|
| 380 V 电力电缆 2～5 kV·A | 与缆线平行敷设 | 300 |
| | 有一方在接地的金属线槽或钢管中 | 150 |
| | 双方都在接地的金属线槽或钢管中 | 80 |
| 380 V 电力电缆 >5 kV·A | 与缆线平行敷设 | 600 |
| | 有一方在接地的金属线槽或钢管中 | 300 |
| | 双方都在接地的金属线槽或钢管中 | 150 |

注　1. 当 380 V 电力电缆<2 kV·A,双方都在接地的线槽中,且平行长度≤10 m 时,最小间距可以是 10 mm。
　　2. 电话用户存在振铃电流时,不能与计算机网络在一根双绞电缆中一起运用。
　　3. 双方都在接地的线槽中,是指两个不同的线槽,也可在同一线槽中用金属板隔开。

墙上敷设的综合布线电缆、光缆及管线与其他管线的间距应符合表 8-2 所示的要求。

表 8-2　墙上敷设的综合布线电缆、光缆及管线与其他管线的间距

| 其他管线 | 最小平行净距/mm | 最小交叉净距/mm |
|---|---|---|
| | 电缆、光缆或管线 | 电缆、光缆或管线 |
| 避雷引下线 | 1000 | 300 |
| 保护地线 | 50 | 20 |
| 给水管 | 150 | 20 |
| 压缩空气管 | 150 | 20 |
| 热力管(不包封) | 500 | 500 |
| 热力管(包封) | 300 | 300 |
| 煤气管 | 300 | 20 |

注　如墙壁电缆敷设高度超过 6000 mm 时,与避雷引下线的交叉净距应按下式计算:$S \geqslant 0.05 L$,式中,$S$——交叉净距/mm;$L$——交叉处避雷引下线距地面的高度/mm。

(6) 综合布线系统采用屏蔽缆线时,全系统所有部件都应选用带屏蔽的硬件,所有屏蔽层应保持连续性,采取全程屏蔽。

(7) 综合布线系统采用屏蔽系统时,须有良好的接地系统,且符合保护地线的接地电阻大小,单独设置接地体时,不应大于 4 Ω,采用联合接地体时不应大于 1 Ω。

(8) 综合布线系统采用屏蔽系统时,每一楼层的配线柜都应采用适当截面的导线单独布线至接地体,也可采用竖井内集中用铜排或粗铜线引到接地体。导线的截面应符合标准,接地电阻也应符合规定。屏蔽层应连续且宜两端接地,若存在两个接地体,其接地电位差不应大于 1 V(有效值)。综合布线的接地系统采用竖井内集

中用铜排或粗铜线引至接地体时,集中铜排或粗铜线应视为接地体的组成部分,按接地电阻限值计算其截面。

(9) 综合布线系统的电缆采用金属槽道或钢管敷设时,槽道或钢管应保持连续的电气连接,在两端应有良好接地。

(10) 当电缆从外面进入建筑物时,电缆的金属护套或光缆的金属件均应有良好接地。

(11) 综合布线系统有源设备的正极或外壳,与配线设备的机架应绝缘,并用单独导线引至接地汇流排,与配线设备、电缆屏蔽层等接地宜采用联合接地方式。

## 二、系统接地

为保证电气设备可靠、安全地正常运行,在故障情况下有效地进行保护,将电路中的某点通过一定的手段与大地可靠地连接起来称为接地。与大地直接接触的金属导体叫做接地体或接地极,连接接地体或设备接地部分的导线叫做地线。综合布线系统作为智能建筑不可缺少的基础设施,其接地系统的好坏将直接影响到综合布线系统的运行质量。

接地有以下几种。

### 1. 直流工作接地

直流工作接地也称信号接地或逻辑接地,是指为了确保弱小信号类的电气、电子设备(如计算机中心机房)具有稳定的基础电位(即零电位参考点)而设置的接地。上述设备对干扰极为敏感,必须对其进行更加细致的抗干扰处理。

直流接地普遍采用的最好方法是网格接地,即信号基准电位网。计算机系统的直流地是数字电路或系统的基准电位,但不一定是大地电位。若把该接地系统经一低阻通路接至大地,则该地线系统的电位即可视为大地电位,称为直接接地(通常要求接地电阻≤4 Ω)。若地线系统不与大地相接,而是与大地严格绝缘(绝缘阻抗一般应在 1 MΩ 以上),则称为直流地悬浮。悬浮对解决来自交流电网的干扰,提高计算机系统的可靠性是有效的,但在静电感应、电磁感应以及雷击等外界干扰因素的影响下,这个悬浮的基准电位仍会出现浮动而不稳定,从而影响系统的稳定运行。不同的计算机系统对直流地的处理方式不同,但从安全角度看,直流地应直接接地。

直流网格接地就是用一定截面积的铜带(厚 1~1.5 mm,宽 25~35 mm),在防静电地板下交叉排成 600 mm×600 mm 的方格,其交叉点与活动地板支撑的位置交错排列,铜带的每个交叉点用锡焊焊接或用螺钉压接在一起,在铜带下应垫厚 2~3 mm 以上的绝缘橡皮或聚氯乙烯板等绝缘物体,使直流网格接地和大地绝缘。

### 2. 交流工作接地

交流工作接地是为保证电力系统和电气设备达到正常工作要求而进行的接地。

220/380 V 交流电源中性点的接地即为交流工作接地。

**3. 屏蔽接地**

为了防止干扰磁场与电子线路发生磁耦合而产生相互影响,故将设备内外的屏蔽线、屏蔽电缆的屏蔽层及屏蔽房间的屏蔽体进行接地,称为屏蔽接地。

**4. 保护接地**

为保障人身安全、防止间接触电而将设备外露可导电部分接地。所谓设备外露可导电部分是指正常情况下与带电体绝缘的金属外壳、机壳或面板、钢筋混凝土电杆和金属杆塔等部分。

通常情况下设备外壳、机壳等是不带电的,但发生故障(如电源线绝缘损坏)造成电源的供电相线与外壳等导电金属部件短路时,这些金属部件或外壳就成了带电体,若没有良好的接地,则带电体和地之间就会产生很高的电位差。如果人不小心触到这些带电体,就会通过人身形成电流通路,产生触电危险。故必须将金属外壳和地之间进行良好的电气连接,使机壳和地等电位。保护接地还可防止静电的积聚。

**5. 静电接地**

为消除工作过程中产生的静电而进行的接地,称为静电接地。导静电地面、活动地板、工作台面和座椅垫套必须进行静电接地。静电接地的连接线应有足够的机械强度和化学稳定性。导静电地面和台面采用导电胶与接地导体黏接时,接触面积不宜小于 10 cm$^2$。静电接地可以经限流电阻及连接线与接地装置相连,限流电阻的阻值宜为 1 MΩ。

**6. 防雷接地/过电压保护接地**

为消除雷击和过电压的危害而设的接地,称为防雷接地/过电压保护接地。

**7. 联合接地**

综合布线系统的接地系统主要有直流工作接地(逻辑接地)、交流工作接地、保护接地、屏蔽接地、防雷接地等。若单独设置,除防雷接地的接地电阻一般要求≤10 Ω,屏蔽接地的接地电阻一般要求≤30 Ω(也有一些系统要求屏蔽接地的接地电阻≤1 Ω)外,其余几种接地的接地电阻均要求≤4 Ω。为了防止它们之间的互相干扰,一般要求交流工作接地、直流工作接地、保护接地这三种接地方法都必须单独与大地相连,三种接地点相互的距离不得小于 15 m。为防止电力传输线对地线可能产生的电磁干扰,要求其他电力线不能与地线并行走线。但在现代建筑中,独立设置上述几种接地系统而保持相应的间距是不容易的,所以规范推荐采用联合接地(如图8-28所示,请与图 8-29 所示的单独接地方式作比较),即将防雷接地、交流工作接地,以及各种装置外壳、金属管外皮及高频电子设备的信号接地统一接到共用的接地装置上。当综合布线采用联合接地系统时,通常利用建筑柱主筋做防雷接地引下线,而接地体一般利用建筑物基础内的钢筋网作为自然接地体,使整幢建筑的接地系统组成一个笼式的均压整体。联合接地的接地电阻要求≤1 Ω。

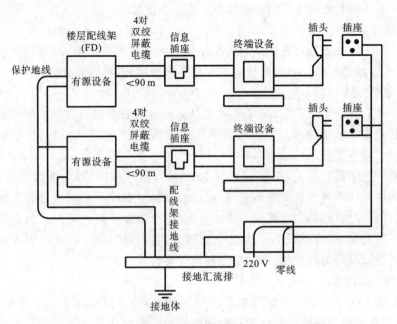

图 8-28 联合接地方式

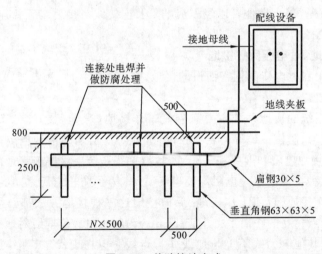

图 8-29 单独接地方式

与各接地系统分开设置相比,联合接地方式具有以下优点。

(1) 当建筑物遭受雷击时,楼层内各点电位比较均匀,人员及设备的安全得到较好保障。同时大楼的框架结构对中波电磁场能提供 10～40 dB 的屏蔽效果。

(2) 容易获得较小的接地电阻。

(3) 节约金属材料,占地少,不会发生矛盾。

对直流工作接地有特殊要求,需要单独设置接地装置的计算机系统,其接地电阻值及与其他接地装置接地体之间的距离,应按计算机系统及有关规范的要求确定。

## 三、电气保护

当通信线路(包括建筑群主干布线子系统的缆线)从建筑外面引进屋内时,通信电缆有可能受到雷击、电源接地、电源感应电动势或地电动势升高等外界的影响,必须采取安全保护措施,防止发生各种损害和事故。当线路处于以下任何一种危险环境中时,应对其进行过压/过流保护:

(1) 雷击引起的危险影响;
(2) 工作电压超过 250 V 的电源线路碰地;
(3) 感应电势上升到 250 V 以上而引起的电源故障;
(4) 交流 50 Hz 感应电压超过 250 V。

满足下面任何一个条件的,可认为遭雷击的危险影响可以忽略不计:

(1) 该地区年雷暴日不超过 15 天,而且土壤电阻率小于 100 Ω·m;
(2) 建筑物之间的直埋电缆短于 42 m,且电缆的联系屏蔽层在电缆两端处都可靠接地;
(3) 电缆完全处于已经接地的临近高层建筑物或其他高层结构提供的"保护伞"之内,而且电缆有良好的接地装置。建筑物接地"保护伞"如图 8-30 所示。

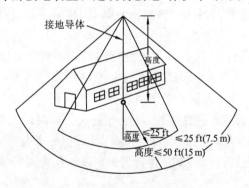

图 8-30 建筑物接地"保护伞"

综合布线系统中的过压保护宜选用气体放电管保护器。气体放电管保护器的陶瓷外壳内密封有两个电极,其间有放电间隙,并充有惰性气体。当两个电极之间的电位差超过 250 V 交流电压或 700 V 雷电浪涌电压时,气体放电管开始出现电弧,为导体和接地电极之间提供一条放电通路。但是电弧将烧损电极使保护器的运行特性退化而最终导致保护器废掉。

### 四、防火保护

为了防火防毒,在智能建筑中的易燃区域和电缆竖井内,综合布线系统所有的电缆或光缆应选用阻燃型的或设有阻燃护套;在大型公共场所宜采用阻燃、低烟、低毒的电缆或光缆;相邻的设备间或交接间亦应采用阻燃型配线设备,相关连接硬件也应采用阻燃型的。如果缆线穿放在不可燃的管道内,或每栋楼均采用切实有效的防火措施(如用防火涂料或板材堵封严密),不会发生蔓延火势时,可以采用非阻燃型的配线设备。

如果采用防火、防毒的缆线和连接件,则火灾发生时,不会或很少散发有害气体,对于救火人员和疏散都较为有利。但是目前上述性能的缆线价格较高,不宜大量推广,只在限定的易燃区域和电缆竖井中采用。如果防火和防毒电缆价格下降,应适当推广。

目前,阻燃防毒的缆线有以下几种:

(1) 低烟非燃型(LSNC),不易燃烧,释放一氧化碳少,低烟,但释放少量有害气体;

(2) 低烟阻燃型(LSLC),比 LSNC 稍差些,情况与 LSNC 类同;

(3) 低烟无卤型(LSOH),有一定阻燃能力。在燃烧时,释放一氧化碳,但不释放卤素;

(4) 低烟无卤阻燃型(LSHF-FR),不易燃烧,释放一氧化碳少,低烟,不释放卤素,危害性小。

此外,还有 FEP(全氟乙烯丙烯共聚物)和 PFA(可溶性聚四氟乙烯)氟塑料树脂制成的电缆可供选择。若综合布线系统的电缆或光缆穿放在钢管等非燃烧的管材内,可考虑采用一般的普通外护。若缆线所在环境既有腐蚀性,又有雷击的可能,选用的电缆或光缆除了要有外护套层外,还应有复式铠装层。这种外包铠装层具有较好的防腐蚀和防雷击性能。其缺点是价格高,且因其铠装层重量大,缆身单位重量过大,影响穿放施工进度,因此,不宜在管道中穿放或长距离安装敷设。

### 本章综合思考题

1. 简述综合布线系统的接地种类。
2. 请简单描述综合布线系统的概念。
3. 综合布线系统有哪些设计等级?
4. 简述综合布线系统采取防护措施的必要性和重要性。

5. 相对于传统的布线系统,综合布线系统具备哪些特性?

6. 综合布线系统具有哪些子系统?各子系统分别具有什么特点?

7. 我国常用的综合布线标准有哪些?

8. 试述综合布线设计的一般原则和一般步骤。

9. 工作区子系统包括哪些设备?工作区适配器的选用原则是什么?如何确定连接器、信息插座的数量?

10. 工作区子系统有哪几种布线方法?它们有什么不同?分别应用于什么样的建筑物?

11. 配线子系统的设计的原则是什么?如何计算配线子系统的缆线用量?

12. 干线子系统的设计原则是什么?并说出其设计步骤。

13. 水平干线子系统有哪几种布线方法?各有什么特点?分别应用于何种建筑物?若一层楼信息点超过 300 个,应采用何种布线方法?

14. 垂直干线子系统的设计范围是什么?一般应怎样布线?

15. 应如何确定设备间的位置?

16. 建筑群子系统通常有哪几种布线方法?各有什么特点?

17. 简述综合布线系统的电气防护原则。综合布线系统的屏蔽要求、接地要求的必要性和具体要求是什么?

18. 如何正确实施布线系统的防火?

19. 访问 2~3 个采用综合布线系统构建的校园网或者企业网,观察该校园网或者企业网各子系统所采用的传输介质和布线方法,注意布线系统与用户需求以及建筑物地理环境之间的关系。

# 第九章

# 智能住宅小区与智能家居

**本章学习要点**

- 了解智能住宅小区的基本概念
- 熟悉智能住宅小区的基本系统组成及其主要功能
- 了解智能家居的基本含义及其发展情况
- 熟悉智能家居的基本系统组成及其主要功能

智能小区是智能建筑的扩展和延伸，它通过对小区建筑群的结构、系统、服务、管理的优化考虑，提供一个投资合理，高效率的、舒适、温馨、便利以及安全的居住环境。简言之，具有住宅小区智能化系统的小区即为智能小区。

## 第一节 智能住宅小区概述

### 一、智能住宅小区概念

智能住宅小区，英文表达为"intelligent residential district"。城市内在一个相对独立的区域、统一管理、特征相似的住宅楼群构成的住宅小区实施的建筑智能化，称为小区智能化（residential district intelligence），该小区也就称为智能小区。智能小区同样是中国特有国情的产物。智能小区与公共建筑中的智能建筑的主要区别是，智能小区强调住宅单元个体，侧重物业管理功能。

智能小区包含的系统有综合布线系统、有线电视系统、电话交换机系统、门禁系统、楼宇对讲系统、监控系统、防盗和联网报警系统、集中抄表系统、小区能源管理系统、宽带网络接入、停车管理系统、公共广播系统、物业管理系统、小区电子商务系统等，少数智能小区的高层项目、会所、运动中心还应用了楼宇自控系统。

真正意义的智能小区中的单元——单个住宅，应该安装智能家居（smart

home),这样智能小区的功能才能得以有效运用,对大型社区来说,智能小区是智能家居运行的基础平台。

智能小区能给住户提供安全、舒适、便利的生活环境,国际互联网的飞速发展要求提供在家办公、工作的新环境,SOHO(small office home office)方式正成为新的趋势,它增加住宅建设和管理的科技含量,提高建设管理水平,促进地产发展,有利于开发商销售。智能小区的建设需要社会共同努力和支持,智能化住宅小区的势头强劲,极具发展前途。

### 二、智能住宅小区的架构

智能小区的总体建设构架如图9-1所示。总体而言,安防系统是小区具有活力的保障,宽带网络是小区最基础和最根本的建设,而物业管理和服务则是小区活动的全部内容。

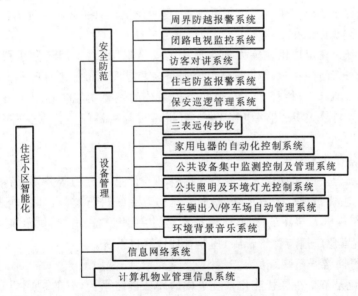

图 9-1 住宅小区智能化建设总体构架

与智能大厦相比,住宅小区智能化的目标更为注重以人为本的服务和客户应用的个性化需求。

智能小区的自动化系统应综合考虑不同住户需求、开发商投资、物业管理目标等方面,整体规划,分步实施。

把智能建筑技术扩展到对一个区域的几座智能建筑进行综合管理,再分层次地连接起来进行统一管理,这样的区域被称为智能小区。即采取集中控制、模块化结构的设计方式,所有子系统的管理都集中在综合控制中心。综合控制中心的管理人员可以查询和确认小区内住户家庭中的安全状况及三表状况等。智能小区是继智能建筑之后的又一个热点趋势。

### 三、小区智能化星级划分

目前,国家规定对小区智能化系统以星级制划分,并规范了小区智能化系统的划分标准,界定了智能小区等级概念,明确了不同等级小区的内容,使消费者了解什么类型的小区应该具有什么样的功能,同样也避免房地产开发商盲目投资建设。

根据小区智能化系统的功能、组成以及信息利用程度,使不同类型、不同居住对象、不同建筑标准的住宅小区合理配置智能化系统建设,我国将小区智能化系统分为三个等级,即一星级、二星级和三星级。星级越高功能越强。

各星级不同要求如下。

**1. 一星级系统**

小区智能化系统主要有三个子系统,一星级系统应具备如下功能。

(1) 安全防范子系统。

该子系统为住户提供住宅内和小区内的安全保障,它利用科技手段,由物业管理中心和公安部门为住户提供安全保障服务,改变了传统住宅的自我保护方法,例如安装防盗门、防盗窗栏杆等。安全防范子系统的主要功能包括以下五部分:出入口管理及周界防越报警、闭路电视监控、可视对讲与防盗门监控、住户报警呼救、保安巡更管理。

(2) 信息管理子系统。

该子系统为住户和物业管理中心提供各种与信息有关的服务,是智能小区信息运转的中心,主要包括以下六项功能:对安全防范系统进行监控,远程抄表与管理或IC卡管理,车辆出入与停车管理,供电设备、公共照明设备、电梯、供水泵等主要设备的监控管理,紧急广播与背景音乐,物业管理计算机系统。

(3) 信息网络子系统。

该子系统是整个小区智能化系统集成的硬软网络平台,它的构成质量直接决定了系统的性能和扩展余地,因此,必须达到以下要求:为实现上述功能科学合理的布线,每户不少于两对电话线和两个数据信息插座,建立有线电视网。

**2. 二星级系统**

二星级系统是在一星级系统的基础上建立的。也就是说,二星级系统应具有一星级系统的全部功能,但在安全防范子系统、信息管理子系统和信息网络子系统的建设方面,其功能及技术水平应有较大提升。更为详细的要求,国家并没有规定。

根据用户要求,安全防范子系统可以从以下几个方面进行技术提升:

(1) 实现物业管理的网络化,该项是国家明确提出的要求,二星级系统必须

满足;

(2) 增加停车场汽车图像监控、车牌识别和停车位显示与管理等;

(3) 采用多媒体技术实现对小区主要设备的监控等。

国家明确要求信息网络子系统采用高速宽带数据网络做主干网,局域网络要连到每一住户,二星级系统必须满足这一要求。

### 3. 三星级系统

三星级系统应具备二星级系统的全部功能。其中,信息传输通道应采用宽带光纤用户接入网作为主干网,实现交互式数字视频业务。在可能的条件下,三星级系统应实施现代信息集成建造系统技术,把物业管理智能化系统纳入整个住宅小区的建设当中,作为其中的一个子系统,同时,现代信息集成建造系统要考虑物业公司在智能化系统管理中的运行模式,实现小区智能化系统的先进性和可扩展性,并对其进行科学管理。

## 四、智能小区的技术实施

智能小区的关键技术包括系统集成技术、自动控制技术、现代通信技术、综合布线技术、计算机网络技术、信息管理技术等。

系统集成的目的,是把不同功能和构造的子系统,按照智能住宅小区的功能规划要求,通过标准化的接口连接到一起,实现系统设计目标。通过系统集成,各智能子系统将构成一个完整的智能化住宅小区系统。智能系统的整体集成包括四个部分的综合:网络信息中心、中央监控中心、综合服务管理和物业管理。通过系统集成,把各个自动化子系统连接成为一个有机的整体(如图9-2所示)。

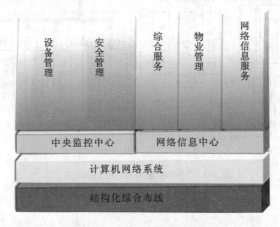

图 9-2 智能小区系统集成

自动控制技术是小区设备自动化的主体,智能小区的智能化往往总是从小区设备自动化开始的。小区设备自动化是以计算机控制、管理为核心,并带有各种传感器和执行机构的综合监控系统。自动化控制主要是对小区内的电力、空调、照明、电梯、给排水、防盗、火警等设施进行检测,分散控制,集中管理,以达到安全、节能、经济和舒适的目标,实现一体化的监测和控制。

　　通信自动化系统是智能小区的中枢神经系统。包括电话通信、计算机网络、卫星电视和闭路电视接收系统,它是小区实现对外联系、获取信息、感知外部世界、抒发情感、加强信息交流的关键系统。该系统可实现高速信息传输和信息交换,会连接多种通信终端设备,确保小区内数字、文字、声音、图形、图像和电视信息的高速流通,与市内、国内和国外等有关部门实现信息交换和资源共享。

　　结构化综合布线系统是承载网络通信的物理媒介,是实现小区管理自动化、通信自动化、控制自动化,保证小区内各类信息传送准确、快捷、安全的最基本的设施。

　　计算机网络系统是小区各个信息自动化子系统、社区环境管理自动化子系统的管理层以及系统集成所需的支撑环境,它为各个应用提供公共网络资源。网络系统分为两个层次,一个是主机资源,包括网络计算、数据存储和传输;另一个是网络通信资源,包括网络互联设备和传输介质。从传输范围来说,分为广域网和局域网两个部分。智能小区系统网络构成关系如图9-3所示。

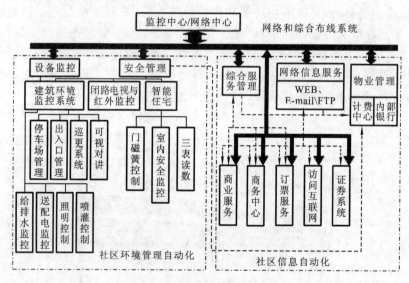

图9-3　智能小区系统网络构成关系

　　软件开发是系统集成工作的一个重点。一种管理或服务功能可能是由不同的子系统通过某种组织模式来实现的。在系统集成的基础上,要通过应用软件来组织和调动不同的系统资源,实现特定的功能。

## 第二节　智能小区安全防范系统

住宅小区安全防范主要是把人防、技防和物防有机结合起来，形成立体化、多层次、全方位、科学的防范犯罪的强大网络体系（如图9-4所示），从而减少安全防范中的人为因素造成的盲区和漏洞。

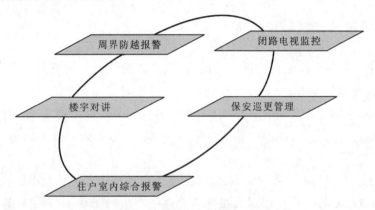

图9-4　住宅小区智能化安全防范系统示意图

一个完整的小区安全防范系统由以下几道防线构成。

第一道安全防线：由周界防越报警系统构成，以防范翻越围墙和周界进入社区的非法入侵者。

第二道安全防线：由闭路电视监控系统构成，对社区出入口、主要通道及重点设施进行监控管理。

第三道安全防线：由保安巡更管理系统构成，通过物业中心保安人员对住宅内可疑人员、事件进行监控。

第四道安全防线：由楼宇对讲系统构成，可将闲杂人员拒之梯口处。

第五道安全防线：由住户室内综合报警系统构成，若发生非法入侵住家或发生火灾、老人急症等紧急事件，通过户内各种探测器，报警中心将很快获得警情消息，并迅速派员赶往事件现场进行处理。

### 一、周界防越报警系统

周界防越报警系统是为防止不法之徒通过小区非正常出入口闯入而设立的，以此建立封闭式小区,防范闲杂人员出入,同时防范非法人员翻越围墙或栅栏。

该系统工作过程为,在小区的围墙四周设置红外多束对射探测器,一旦有非法入侵者闯入就会触发,并立即发出报警信号到周界控制器,通过网络传输线发送至管理中心,并在小区中心电子地图上显示报警点位置,以利于保安人员及时准确地出警,同时连动现场的声光报警器(白天使用)或强光灯(夜间使用),及时威慑和阻吓不法之徒,提醒有关人员注意,做到群防群治,拒敌于小区之外,真正起到防范的作用。

## 二、闭路电视监控系统

闭路电视监控系统是在小区主要通道、重要建筑及周界设置前端摄像机,将图像传送到智能化管理中心,中心对整个小区进行实时监控和记录,使中心管理人员充分了解小区的动态,同时采用多媒体控制平台与周界防越报警系统及住宅室内报警系统联动。当发生警情时,中心监视器将自动弹出警情发生区域的画面,并进行记录。

该系统的主要目的是将重要观察点(主要分布在小区主干道及小区出入口等重点区域)的被检测的图像传送到设在物业管理中心的控制室,中心控制室可以对所控制的摄像点进行监控,并会在非常事件突发时及时将叠加有时间、地点等信息内容的现场情况记录下来,以便重放时分析调查,并作为具有法律效力的重要证据,这样既提高了保安人员出警的准确性,又可为公安人员迅速破案提供有力证据。

## 三、保安巡更管理系统

现代化大型住宅小区出入口较多,来往人员的情况也较复杂,必须有保安人员巡逻,以保证居民人身财产的安全。为此,在重要的场所更应该设巡更站,定期进行巡逻。图9-5所示为保安巡更系统示意图。

保安巡更管理系统可以用微机组成一个独立的系统,也可以纳入大楼或小区的整个监控系统。对于一幢智能化的大厦或一个现代社区来说,保安巡更管理系统要求与其他系统合并在一起,组成一个完整的自动化系统,这样既合理又经济。

### 1. 保安巡更系统组成结构

保安巡更管理系统的结构由现场控制器、监控中心、巡更点匙控开关、信息采集器等部分组成。通常现场控制器与监控中心可以与防盗报警系统共用。巡更点匙控开关可以接在就近的现场控制器或防盗报警控制主机上。

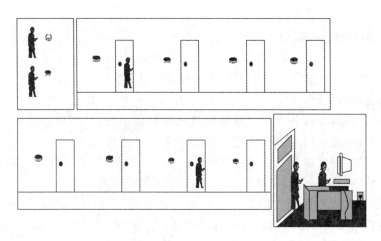

图 9-5　保安巡更系统示意图

**2. 保安巡更管理系统的功能**

保安巡更管理系统的主要功能是保证巡更值班人员能够按巡更程序所规定的路线与时间到达指定的巡更点，进行巡视，不能迟到，更不能绕道，它能充分保护巡更人员的安全。通常在息息相关的路线上安装巡更开关或巡更信号箱，巡更人员在规定的时间内到达指定的巡更点，使用专门的钥匙开启巡更开关或按下巡更信号箱上的按钮，向系统监控中心发出"巡更到位"的信号，系统监控中心同时记录下巡更到位的时间、巡更点编号等信息。如果在规定的时间内，指定的巡更点未发出"到位"信号，该巡更点将发出报警信号；如果未按顺序开启巡更开关或按下按钮，未巡视的巡更点也会发出未巡视的信号，中断巡更程序并记录在系统监控中心，同时，发出警报。此时，应立即派人前往处理。

监控中心应该具有如下功能：

（1）用彩色图形显示巡更路线、巡更到位情况，巡更不到位报警，在不到位的巡更点处要求有提示性的信息，例如具有明显的闪烁，并发出报警声；

（2）为保安人员制定多种巡更时制，操作人员只需简单操作即能选定；

（3）可以维持两个同时进行的巡更时制。

在保安巡更管理系统中，有的还配备有对讲机或对讲驳接插座向系统监控中心报告情况，并可打印出记录，便于查询，同时发出警报，显示情况异常的路段，此时要求立即派人前往处理。

巡更程序的编制应具有一定的灵活性，对巡更路线、巡更方向以及各巡更点之间的到达时间都应该能够方便地进行调整。为使巡更工作具有保密性，巡更的路线应该经常更换。

## 四、楼宇对讲系统

楼宇对讲系统分为访客对讲系统和可视访客对讲系统。

### 1. 访客对讲系统

访客对讲系统是在各单元口安装防盗门和对讲系统，以实现访客与住户对讲，住户可遥控开启防盗门，有效地防止非法人员进入住宅楼内。

在住宅楼的每个单元首层大门处设有一个电子密码锁，每个住户使用自己家的密码开锁，此密码根据需要随时修改，以保证密码不被盗用。

来访者需进入时按动大门上主机面板上对应房号，则被访者家分机发出振铃声，主人摘机与来访者通话确认身份后，按动分机上的按钮遥控大门电子锁开关，打开门允许来访者进入后，闭门器使大门自动关闭。

来访者若要向管理处的保安人员询问事情时，也须通过按动大门主机上的保安键与之通话。此系统还具有报警求助功能，当住户家中遇到突发事件（如火灾），可通过对讲分机与保安人员取得联系，及时得到救助。

访客对讲系统组成如图 9-6 所示。

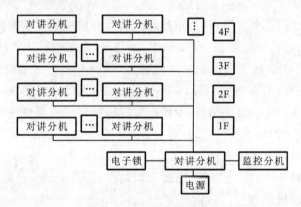

图 9-6　访客对讲系统框图

### 2. 可视访客对讲系统

本系统与访客对讲系统的区别是在大门入口处增加了摄像机，对讲分机处设有显示屏。

当来访者按通被访者家可视分机号时，摄像机就自动开启，被访者可通过分机上的显示屏识别来访者的身份，在确认无误后遥控开启大门电子锁。

管理处保安人员也可根据需要开启摄像机监视大门处来访者，在分机控制屏上监视来访者并能与之对讲。可视访客对讲系统组成如图 9-7 所示。

楼宇对讲系统在小区出入口、组团出入口的保安室内安装对讲管理员总机，在

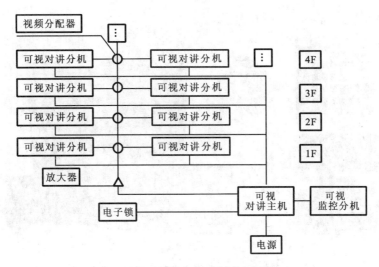

图 9-7 可视访客对讲系统框图

各单元门口安装防盗门及对讲机,在住户室内安装室内对讲机。

当来访者进入小区组团时,保安人员通过对讲管理员总机与住户对话,确认来访者身份后,方可进入。

各单元梯口访客再通过对讲主机呼叫住户,对方同意后方可进入楼内,从而可限制非法人员进入。

若住户在家发生抢劫和突发疾病,也可通过该系统通知保安人员,以得到及时的支援和处理。

## 五、住户室内综合报警系统

住户室内综合报警系统是通过在住宅内门窗及室内安装各种探测器进行昼夜监控,来保证住户在住宅内的人身财产安全。

当检测到警情时,通过住宅内的报警主机传到智能化管理中心的报警接收计算机。接收机将准确显示警情发生住户的名称、地址和入侵方式等,提示保安人员迅速确认警情,及时赶赴现场,以确保住户人身和财产安全。

住户也可通过固定式紧急呼救报警系统和便携式报警装置,在住宅内发生抢劫和突发疾病时,向管理中心呼救报警,中心会根据情况迅速出警。

**1. 住宅防盗报警系统功能**

住宅防盗报警系统的核心部分为家庭智能控制器,该控制器采用模块化设计组成,由 CPU、总线接口、无线防区模块、语音模块、电话模块、多表采集模块、有线防区模块、显示电路、小键盘以及控制接口等组成,市场常见的家庭报警控制器如图 9-8

所示。

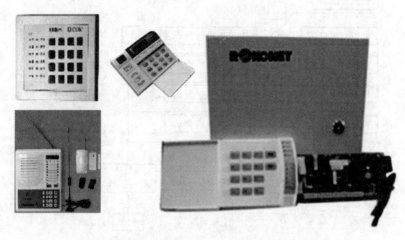

图 9-8　市场常见的家庭报警控制器

**2. 家庭报警控制器的主要功能**

（1）联网功能；

（2）有线防区和无线防区相结合；

（3）具有多种报警方式，可通过公用电话网、设定传呼机、手机等向管理中心报警；

（4）具有几种布防和撤防方式；

（5）通过家庭控制器上的布/撤防按键进行布/撤防；

（6）用手持遥控器进行布/撤防；

（7）通过异地电话进行布/撤防；

（8）布/撤防可由管理中心进行；

（9）电话报警功能，若打电话时发生警情，报警优先，同时提供语音信息；

（10）密码保护；

（11）中文显示；

（12）状态记录，延期备案；

（13）一切事件送管理中心；

（14）设有看门狗电路，预防干扰死锁；

（15）大楼集中低电压供电，安全可靠；

（16）防劫持功能，家庭控制器设有反劫持密码；

（17）多表数据远传；

（18）提供两个控制接口；

（19）自动检测通信线路。

## 第三节　智能小区设施综合管理系统

随着物业管理和家用电器设备的现代化,要求对小区的公共设施进行信号采集和控制等集中管理,家庭可实现家用电器的智能控制及管理,从而实现对各类设备的智能管理,达到运行安全可靠、精确高效、节省能源、节省人力的目的。住宅小区设施综合管理系统如图9-9所示,包括:能耗表数据远传抄收系统,停车场管理系统,社区广播与背景音乐,公用设备监控系统,出入口门禁管理系统,综合业务服务系统等。

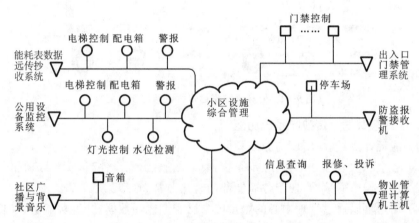

图 9-9　小区设施综合管理系统示意图

### 一、能耗表数据远传抄收系统

能耗表数据远传抄收系统采用计算机及其网络系统对使用中的电表、水表、煤气表进行智能化管理,实现抄表自动化,并可随时对各表的使用进行监测、计量和计费,通过与银行计算机系统的联网,实现收费自动化。

**1. 能耗表数据远传抄收系统组成**

能耗表数据远传抄收系统由远传电表、远传水表、远传纯水表、远传煤气表、智能控制器、智能节点、管理中心服务器、供电局服务器、自来水公司服务器、煤气公司服务器、银行信用卡收费系统等组成。

该系统由家庭控制器采集数据,通过智能节点将数据送到管理中心服务器。管理中心的计算机将水、电、气的有关数据传送给供电局、自来水公司、煤气公司的计算机系统,并在规定时间将这些资料传送银行计算机系统。实现各户各表的数据的录入、费用计算并打印收费账单,将有关数据传送到相应的职能部门,从而避免入户抄表扰民和人为读数误差。能耗表数据远传抄收系统组成如图9-10所示。

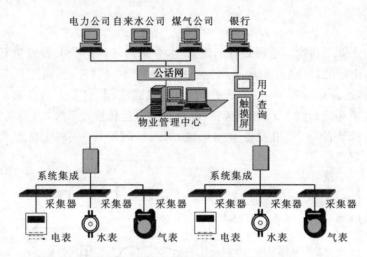

图 9-10　能耗表数据远传抄收系统示意图

**2. 能耗表数据远传抄收系统功能**
(1) 能耗计量抄收,精度与原表相同。
(2) 各个二次表独立工作,互不干扰,总线制通信,安全性高,安装维护简便。
(3) 进入城市通信网,便于各职能部门直接监督、管理。
(4) 用户可以通过管理中心的触摸屏自己查询能耗数据,既可防盗电,又可对拒绝缴费住户进行强制断电处罚。

## 二、小区公用设备监控系统

智能化小区要求对公用设备进行集中管理,实现小区内供配电、给排水、电梯(高层式住宅)等系统工作状态的实时监测和控制,从而实现公共设备的最优化管理并降低故障率,起到集中管理、分散控制、节能降耗的作用。

小区公用设备主要包括以下几种:
(1) 小区供配电设施;
(2) 生活及消防给排水设施;
(3) 电梯;
(4) 公共照明及环境灯光控制。
小区内公用设施的监控与智能大厦设备监控要求基本一致。

### 三、社区广播与背景音乐

在建筑及居住区内安装有线广播设备,可在特定的时间、区域内进行背景音乐广播、物业管理通知广播、会议广播,在发生火警、盗警等紧急事件时可作为紧急广播强制切入使用。

公共广播子系统功能如下:
(1) 背景音乐播出功能;
(2) 物业管理通知广播功能;
(3) 火灾报警联动广播功能;
(4) 防盗报警联动广播功能;
(5) 紧急广播功能。

## 第四节 智能家居

### 一、智能家居的概念

家庭智能管理是指将业主家中的温度/湿度、电器、照明、安全防范、对外通信等进行集中的智能化操控,使整个住宅运作在最佳状态。它是小区物业不可缺少的部分,也是未来住宅智能化的发展趋势。

家用电器的控制方式,包括控制器具有多个数字、开关、脉冲量 I/O 端口,可用于住户室内外的安全防盗报警系统、煤气泄漏监测、紧急报警、服务请求和水电气表的数据记录等多种用途;具有键盘,可用于布撤防的控制;具有液晶显示屏,可用于发布公告信息,也可控制用户室内的门锁及其他电气开关。业主在外时可通过双音频电话机和手机拨打专用电话号码,若家中无人应答时,主机控制器自动接听电话,并给业主提供语音信息,业主在语音提示下进行相应的操作,遥控启动家中空调等电器,使其在业主到家之前提前开始工作,以提供舒适的环境。

### 二、住宅智能管理系统以及家庭智能解决方案

目前国内已有几家公司在开发、生产集中控制器,其功能也各不相同。通用的网络数据终端构成的住宅智能管理系统示意图如图 9-11 所示。

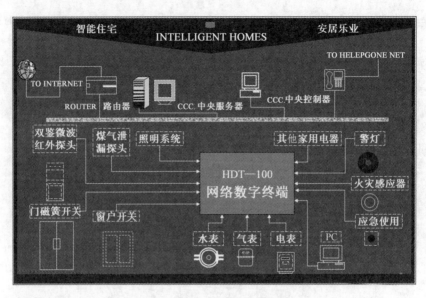

图 9-11 智能家居系统示意图

图 9-12 及表 9-1 所示是一种以家庭自动化系统为核心,面向豪宅、别墅的智能化家庭网络系统以及解决方案。

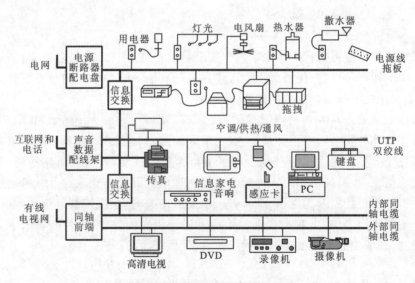

图 9-12 家庭智能解决方案示意图

表 9-1　家庭智能解决方案

| 区域 | 名　　称 | 功能/位置/特点 |
|---|---|---|
| 家中 | 家庭自动化系统 | 控制家中：照明,保安,娱乐(电视/音响),通信,空调,电器,防灾(烟感/温感/煤气泄漏),门禁,停车,喷泉,门/窗帘,节能及其他(一切用电器)<br>特点：可通过世界上任何一部电话和互联网远程遥控家中一切用电器；还可以通过电脑、语音、无线电(RF)、红外线、电源线、RS-232接口、时序/事件、数字/模拟输入、手持遥控器等遥控 |
| | 家居智能化布线系统 | 面向未来的家庭网络 Future Smart |
| | 家用中央空调 | 集中制冷/供热,节省能源 |
| | 家用中央热水器 | 24小时有热水供应 |
| | 家用垃圾处理机 | 免除倒垃圾之苦 |
| | 可视对讲 | 客厅 |
| 小区 | 智能化闭路电视监控 | 小区各重要部位 |
| | 可视对讲 | 小区入口,住户家中 |
| | 一卡通门禁 | 小区入口,楼栋防盗门,住户家门外 |
| | 周边红外线 | 小区四周 |
| | 停车场管理 | 出入口,停车场 |
| | 光纤通信到小区/楼栋 | 结构化布线到楼层/接入互联网 |
| | 小区应急联动报警中心 | 重要部位,出入口 |
| | 背景音乐 | 浪漫气氛,温馨家园 |
| | 灯光照明控制 | 亮度可调,温馨浪漫 |
| | 草坪自动浇灌系统 | 小区公共绿地 |
| | 报警/内部电话 | 公共区域电话报警/物业管理内部电话 |
| 控制室 | 电子巡更 | |
| | 物业管理电脑化 | |
| | 电脑监控和电视墙 | |
| | 报警联网中心 | |
| | 自动抄三表(水、电、气) | |

# 第五节 停车场自动管理

停车场自动管理是利用高度自动化的机电设备对停车场进行安全、快捷、有效的管理。由于减少了人工的参与，从而最大限度地减少了人员费用和人为失误造成的损失，极大地提高了停车场的使用效率。

停车场自动管理系统是由车辆自动识别子系统、收费子系统、保安监控子系统等组成。通常包括中央控制计算机、车辆自动识别装置、临时车票发放及检验装置、挡车器、车辆探测器、监控摄像机、车位提示牌等设备。

## 一、停车场自动管理各组成子系统的功能

停车场自动管理各组成子系统的功能如下。

**1. 中央控制计算机**

中央控制计算机是整个系统的控制中枢，负责整个系统的协调与管理，包括软硬件参数控制、信息交流与分析、命令发布等。它集管理、保安、统计及商业报表于一体，既可以独立工作构成停车场自动管理系统，也可以与其他计算机网络相联，组成一个更大的自控装置。

**2. 车辆自动识别装置**

停车场自动管理的核心技术是车辆的自动识别。车辆自动识别装置一般采用磁卡、条形卡、IC卡、远距离RF射频识别卡等。从使用方式上，可分为接触型（刷卡型）、非接触型（感应型）两种类型。

**3. 临时车票发放及检验装置**

此装置放在停车场出入口处，对临时停放的车辆自动发放临时车票。车票可采用简单便宜的热敏票据打印机打印条码信息，记录车辆进入的时间、日期等信息，再在出口处或其他适当地方收费。

**4. 挡车器（道闸）**

在每个停车场的出入口都安装电动挡车器，它受系统的控制升起或落下，只对合法车辆放行，防止非法车辆进出停车场。挡车器有起落式栏杆、升降式车挡（柱式、椎式、链式等）两种。

**5. 车辆探测器和车位提示牌**

车辆探测器一般设在出入口处，对进出车场的每辆车进行检测、统计，将进出车

场的车辆数量传送给中央控制计算机,通过车位提示牌显示车场中车位状况,并在车辆通过检测器时控制车挡杆落下。

**6. 监控摄像机**

在车场进出口等处设置有电视监控摄像机,将进入车场的车辆输入计算机。当车辆驶出出口时,验车装置将车卡与该车进入时的照片同时调出检查无误后放行,以避免车辆的丢失。

## 二、停车场自动管理系统的应用

停车场根据它的使用对象可分为内部停车场和公用停车场两大类,根据它们不同的使用性质配置相应的停车场自动管理系统。

**1. 内部停车场**

主要是面向各单位、住宅、写字楼公寓等自用。其特点是使用者固定,禁止外部车辆使用者长时间使用设施。在早晚上班等高峰期,车辆出入密度较大,对停车场设备的可靠性及处理速度要求较高。因此车场自动管理系统宜采用非接触型 RF 感应卡。在小型停车场可配备短距离 RF 识别卡系统,该系统造价低,不需要停车识别,不会造成过多的堵车。在大型停车场可配备远距离 RF 识别卡系统,系统能自动识别远距离带卡车辆,挡车器根据授权自动开关,车辆可连续进出,不会造成出入口堵塞,识别卡使用寿命长,但价格较高。

**2. 公用收费停车场**

主要是为临时性的停车服务,车场使用者通常为临时一次性的使用者,数量多、时间短。这就要求车场管理系统运营成本低廉,使用简单,识别牢固可靠,可满足收费等商业处理要求。在公用收费停车场可配置磁卡或打印条码式自动管理系统,此系统价格低,使用方便,配置灵活。

车辆自动管理系统可作为一个子系统纳入建筑物自动化网络中,使远距离的管理人员可以监视与控制停车场,车辆信息也可以通过网络传送到需要的部门,使管理更为方便、快捷。

# 第六节 智能小区电子化信息服务

近年来家庭信息化的趋势使得智能家居成为小区智能化的重要组成部分。

## 一、智能小区的信息网络系统

### (一)"三网合一"技术

智能小区内各子系统的建立,必然会增加整个小区网络布线的复杂性和难度,影响建筑结构和小区布局施工建设。为此,解决网络布线的优化问题是智能小区的首要问题。

三网是指有线电视网、电话网和计算机网络。常见的三网合一技术是利用有线电视网和电话网传送电视、电话及数据,充分利用网络资源,避免了网络的重复建设,有效地解决了网络布线的困难,降低了小区整体投资的成本。

随着互联网的发展,围绕互联网服务的业务提供已经逐步形成了电信网、有线电视网和计算机网三大网络并存的市场局面,而如何经济、高效地构建满足各种用户需要的接入网络更是成为大家竞争的焦点。

**1. 以有线电视网为基础的综合接入**

有线电视网具有高达 950 MHz 的带宽及双向传输能力。除使用有线电视网传送大量电视节目外,还有充分的带宽资源可提供各种业务应用。这些业务按业务类型分为音频类、视频类及数字类等。有线电视网是当前发展信息高速公路最佳综合业务宽带接入途径。有线电视网还可提供各个智能子系统的数据传输通道(如三表远传、安防等系统),实现整个小区网络布线的优化及高度的集成管理。

典型的有线电视三网合一系统如图 9-13 所示。

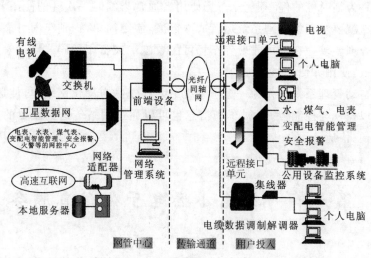

图 9-13　典型的有线电视三网合一系统图

**2. 以电信网为基础的综合接入**

随着互联网的发展,电信业务也发生了根本变化,已经从以前的以电话为主的窄带业务发展成为能提供集语音、高速数据和可变视频为一体的多媒体宽带业务。

**(二)三网合一网络系统功能**

三网合一网络系统功能包括提供高质量的有线广播电视系统;提供高性能的电话通信系统;提供高速的宽带数据通信服务,可实现高速互联网接入;为今后可能的增值业务,如视频点播、远程教学、远程医疗、网上购物、网上娱乐等提供传输和接入平台。具体功能如下。

(1)基于电路交换的技术:提供普通话音、ISDN(一线通)业务;提供上网数据专线;提供普通 Modem 拨号上网业务;为小区内监控、管理各子系统提供传输通道集接口。

(2)高速数据业务:设备基于 IP 技术,提供高速互联网接入,提供 IP 传输和文件传递。

(3)利用 HFC(混合光纤同轴电缆网)宽带传输网和电信网,提供小区内综合信息资源的共享通道,传递周界报警信息,传输闭路电视监控系统图像,传输访客对讲系统联网信息,传输防盗报警信息,传输三表远传数据信息,传输公共设备信息,传输灯光控制系统信息,传输车辆管理信息。

(4)在小区内部信息共享的基础上,随着外部相关设备的配套完成,利用 HFC 宽带传输网可以提供远程教学、远程医疗、电子商务、视频点播、电视会议、远程办公、数字电视等交互式多媒体业务。

## 二、小区电子化信息服务

**1. 远程教育**

经由通信网建立的远程多媒体教育可以克服地理限制,将声、文、图同时作用于感官,学习者如同身临其境,并可实现"交互式指导",使学习者能够接受有针对性的引导,及时纠正错误,使学习更加生动而深入,增加了参与感。

**2. 远程医疗诊断**

经由通信网和高清电视传递高清晰度医疗多媒体信息,远地查询医疗信息库,实现远程医疗诊断和多处异地有名专家的医疗会诊,使诊断更为及时、有效。

**3. 视频会议**

电视会议的使用效果和方便程度比传统的电话会议优越得多,由于引入了高质量的活动图像和高清晰度的静止图像,可以与远地和多处的人员异地商讨工作、制定文件和签署协议等,显著提高办公效率。

**4. 资料查询**

利用多媒体通信系统可以在办公室或任何一个通信终端检索或查询各种多媒体信息,包括科技、工业、财经、娱乐、气象、旅游和交通等各个方面。所得到的信息是图、声与文表示的生动画面。查询者可参与查询过程,使信息获得更加及时、准确与生动。

**5. 远程演示系统**

远地的科学博物馆、自然博物馆、历史博物馆可以通过远程多媒体演示系统向各地观众介绍某种知识,如登上月球、地球的演变过程以及某个历史事件等,过去只能亲自去参观,且只能看到文字和图表,现在不必亲临现场而效果胜过现场。还可用于城市规划、建筑与工程方案地设计与演示,如在工程设计中和设计实施之前,利用多媒体技术和虚拟现实技术演示一个三维的、动画片式的、逼真的、方案决策者会介入的"实体",以便决定是否实施和提出修改意见。

**6. 远地购物和在家银行服务**

通过多媒体通信系统可以进行远地购物、电视购物、在家银行服务等,使商业销售活动和金融活动更加方便而有效,实现商品的在线浏览和订购。如果是在小区内的网络商店购物,费用可以直接从 IC 卡划拨,使一个网络商店可供小区居民共同使用。

**7. 文化娱乐**

具有视频点播、收费影视、远程游戏等功能,通过多媒体通信系统可以使各种文化娱乐活动别开生面,其内容也会随着参与者的更加广泛而更富于教育意义,更有趣味性和娱乐性。远程游戏服务允许小区居民联网玩游戏,小区居民可以通过设置在小区内部的服务器玩网络游戏。在小区互联网上实现网上聊天服务,小区居民可以和其他的小区居民通过网络聊天。

**8. 互联网访问服务以及相应计费服务**

小区居民无须拨号,就能够访问互联网,发布信息到互联网,小区内连接到互联网的服务器拥有独立、公开的 IP 地址和域名,物业管理公司能够根据一定的规则向小区居民收取一定的服务费用。

**9. 通用电子邮件及个人主页服务**

向小区居民和物业管理人员提供 E-mail 服务。小区居民和物业管理人员拥有一个在小区内外都可以使用的 E-mail 信箱,小区居民和物业管理公司都可以用它来交流信息。允许小区居民在小区的 Web 服务器上发布个人主页。小区居民可以设计、制作并发布表现自己个性和水平的网页,并可以通过小区的 Web 服务器发布到小区的内联网及互联网上。

**10. 用户求助、咨询服务**

通过此项服务来收集、接收小区居民的意见,小区物业管理公司也可以通过此项服务来解答小区居民的疑难问题。

**11. 网络电子公告牌(bill board system,简称 BBS)服务**

允许小区居民在网络上写作并发表文章,并允许小区居民查询、阅览其他小区居民所发表的文章。

**12. 公共信息服务**

实现信息的网络发布,把小区居民关心、需要的信息及时地放在小区 Web 页面上,让小区居民可以及时获得自己想要的信息,并据此安排生活和活动。

**13. 用户调查服务**

通过针对小区居民的意见反馈和储存居民调查活动,及时收集小区居民的相关信息,对小区的建设和服务进行相应改造,收集并统计小区居民对某些问题、现象或意向的态度、认识。

## 第七节 物业管理计算机信息系统

物业管理计算机信息系统,以高效、便捷的软硬件体系来协调小区住户、物业管理人员、物业服务人员三者之间的关系。利用计算机软件及网络,对物业管理中的建筑物、住户、费用、工程、文档、管理人员、附属设施、治安消防、清洁卫生、投诉、维修等信息资料进行数据采集、传递、加工存储、计算等操作,反映管理的各种运行状态,辅助物业公司决策。它是专用于物业管理的一套事务处理软件,具体开发设计参见第七章第三节和第四节。

### 一、计算机管理信息系统组成

计算机管理信息系统分为前台系统和后台系统两大部分。前台系统由一台多媒体电脑及触摸屏构成,后台系统设在中央控制室,由一台多媒体电脑构成;前后台之间由网络线相连,由物业管理软件构成一个网络。前后台系统紧密相连,共同完成物业管理中的各项工作。前台系统能够直接利用停车场自动管理系统、水电煤气远程抄表系统集成,能够直接利用系统数据库进行各项物业管理费用的自动统计和报表的自动生成等。前台部分考虑到系统的开放性和扩展性,采用通用的网络浏览器以方便用户操作;后台部分从功能需求来看属于一个标准的数据库应用系统,该数据库与前台数据库程序共享。

## 二、前台系统

前台系统是面向广大住户的多媒体系统,主要由住户操作,要求界面友好、图文并茂、形象生动。前台电脑采用大屏幕触摸屏,可以完成与住户相关的信息的输入与查询;每个住户均可利用门禁系统的电子卡在多媒体电脑上操作;多媒体电脑也可直接读取用户提供的磁盘文件。典型的前台系统包含以下各项功能模块(如图9-14所示)。

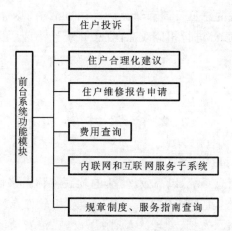

图 9-14 前台系统功能模块图

**1. 住户投诉**

住户可对小区的各种事务进行投诉,如投诉物业管理公司的某项服务工作,投诉小区的某种设施质量问题,投诉物业公司的有关管理人员等。住户可根据电脑提示,依次输入各种投诉信息。如果住户觉得仍不够详细的话,可借助前台电脑所附的麦克风进行录音、留言,详细说明投诉情况。一旦住户完成投诉按下确定按钮,后台电脑系统会立即收到该投诉,并以声音、文字等形式将住户的投诉及时通知物业公司管理人员,没有任何滞后,真正做到高效工作,可给住户留下深刻印象。住户可随时在前台多媒体电脑上查询其投诉问题的处理结果,因为一旦物业公司对住户投诉作出处理,处理结果会通过电脑网络传到前台供住户查询。

**2. 住户合理化建议**

住户进行合理化建议的整个操作过程类似于投诉,可对各种主体进行合理化建议,并可通过语音留言提出任何建议,这些留言会立即存入电脑网络之中,供管理人员播放。

**3. 住户维修报告申请**

当住户发现家内有关设施或公共设施需要维修时,可通过前台多媒体电脑输入要维修的设施以及预约查看、维修时间,后台电脑会立即收到该维修申请,并提示管理人员,管理人员在后台电脑输入查看、维修时间等,住户可通过前台电脑确认维修时间,由物业公司派维修人员按时维修。维修完毕后,住户还可以通过前台多媒体电脑查询维修明细,包括所用材料情况、工时、维修费等,并可对维修情况发表意见看法,也可录音留言。

**4. 费用查询**

住户通过前台多媒体电脑终端,随时可以查询各种费用的交纳情况,如住户每月应交的水费、电费、管理费等。

**5. 内联网和互联网服务子系统**

小区租用专线,对内形成内联网,实现业主的费用查询、报修、投诉、各种综合服务信息的发布、网上购物等;对外成为一个互联网网站,可发布小区的概况、物业管理理公司、小区地形、楼盘情况等相关信息,提供电子信箱服务等。

**6. 规章制度、服务指南查询**

住户通过前台多媒体电脑终端,可查询物业管理规章制度。

## 三、后台系统

后台系统是整个物业管理信息系统的核心,它可实时监控前台多媒体终端并处理物业管理的所有业务。

**1. 前台监控**

实时监控前台多媒体终端的投诉及报修情况,可实时统计、显示当前投诉、报修总数、已处理数量、未处理数量,以及查询住户投诉和报修的具体内容,播放住户留言。

**2. 住户管理**

可以用来输入住户的个人资料及公司资料,并能按各种条件方式查询。

**3. 住户投诉处理**

主要处理住户通过电话(有的住户不愿使用前台多媒体终端)进行的各种投诉和建议,主要用于投诉受理、数据录入。

**4. 住户报修管理**

受理住户的各种维修申请,输入电脑并给出维修计划,当维修完成后输入维修结果,并给出有关部门的评价意见以及住户对维修的意见等。

**5. 房产管理**

对小区的所有房产进行登记、分类管理,包括房产的坐落、结构、朝向、面积等所有属性,系统会根据操作人员的指定条件自动生成房产的各种信息,并给出一个唯一的房产编号。

**6. 房产出租管理**

对房屋的出租合同资料进行管理。

**7. 房产销售管理**

主要对房屋的销售合同以及购房人进行管理。

**8. 房产二次装修管理**

主要对房屋的二次装修进行审批、验收等管理。

**9. 财务管理**

实现小区财务的电子化,并与指定银行协作,实现业主费用的直接划拨。

**10. 工程图纸管理**

对小区的施工、建设图纸进行管理。

**11. 系统操作人员管理**

使用人员操作权限管理等。

**12. 日常数据维护**

如小区规章制度、服务指南等数据的输入维护。

## 本章综合思考题

1. 简述智能小区的星级划分标准。
2. 简述智能小区系统设计原则。
3. 智能小区的关键技术包括哪些?
4. 智能小区设施综合管理系统包括哪几个部分?
5. 智能家居管理中的家庭自动化系统是什么?
6. 停车场自动管理系统由哪些部分组成?

# 主要参考文献

1　钱卫东.楼宇智能化技术概论[M].北京:电子工业出版社,2006.
2　董春利.建筑智能化系统[M].北京:机械工业出版社,2006.
3　沈瑞珠.物业智能化管理技术[M].北京:中国轻工业出版社,2002.
4　盛晓涛.楼宇自动化[M].西安:西安电子科技大学出版社,2008.
5　李林.数字社区信息化系统工程[M].北京:电子工业出版社,2005.
6　建设部建筑及居住区数字化技术应用国家标准编制委员会办公室.建筑及居住区数字化技术应用指南[M].北京:中国标准出版社,2007.
7　郝力.数字城市[M].北京:中国建筑工业出版社,2010.
8　刘国林.综合布线设计与施工[M].广州:华南理工大学出版社,2001.
9　鲜继清.现代通信系统[M].西安:西安电子科技大学出版社,2006.
10　张言荣.智能建筑安全防范自动化技术[M].北京:中国建筑工业出版社,2004.

## 后记 Postscript

《物业智能化管理》第一版的出版获得广大读者的大力支持，也提出了很好的建议。随着当前物业管理的日趋成熟，智能家居、物联网行业快速发展，智能化新技术在物业管理领域广泛渗透，系统化管理获得共识，智能化的物业管理已成为物业管理行业发展的主要趋势。

21世纪是智能化世纪，从本书第一版出版至今，短时间内智能化物业管理快速发展，大量新技术广泛应用，例如：安防系统、智能家居系统、短距离信息传输系统等都日趋成熟，这也对本书相关章节编写提出挑战。但是，纵观发展趋势，新技术的使用始终是一种手段，系统化的综合管理才是关键，希望读者在学习新知识、新技术的同时，抓住系统化管理这一核心，借助于智能化这一工具来实现物业管理成本的下降、效率的提升。智能化的物业管理趋势不可逆转，也希望本书第二版的推出能帮助读者在物业智能化管理这一新领域获得成功。

本书由黄峥（广州大学）、陈援峰（广州城市职业学院）担任主编，负责制定编写纲要、修改稿件、定稿，参加编写的有李阳（广东农工商职业技术学院）、熊学忠（武汉职业技术学院）、傅余萍（广州城市职业学院）、张虹（武汉职业技术学院）、杨志（广东农工商职业技术学院）、肖燕武（广州城市职业学院）、屈睿瑰（广州城市职业学院）、郭继华（广州大学）。具体分工如下：第一章、第二章、第三章由黄峥、李阳编写；第四章、第五章由郭继华、熊学忠编写；第六章由肖燕武、张虹编写；第七章、第八章由陈援峰编写；第九章由傅余萍、屈睿瑰编写。全书由陈援峰、杨志统稿。

本书第二版是在第一版应用于实践过程中发现的主要问题基础上，深入分析当前物业管理智能化发展趋势，参考大量读者的建议，对本书内容做了修订。同时参照了近期相关智能化物业管理技术方面大量新的知识及书刊资料，并引用了部分资料，在此谨向这些书刊资料的作者表示衷心的谢意！

由于物业智能化管理目前处于高速发展阶段，而且建筑智能化的新技术层出不穷，而我们的认识和专业水平很有限，书中必定存在缺点和错误，敬请广大读者批评指正。

编　者
2013年1月

# 与本书配套的二维码资源使用说明

本书部分课程及与纸质教材配套数字资源以二维码链接的形式呈现。利用手机微信扫码成功后提示微信登录，授权后进入注册页面，填写注册信息。按照提示输入手机号码，点击获取手机验证码，稍等片刻收到4位数的验证码短信，在提示位置输入验证码成功，再设置密码，选择相应专业，点击"立即注册"，注册成功。（若手机已经注册，则在"注册"页面底部选择"已有账号？立即注册"，进入"账号绑定"页面，直接输入手机号和密码登录。）接着提示输入学习码，需刮开教材封面防伪涂层，输入13位学习码（正版图书拥有的一次性使用学习码），输入正确后提示绑定成功，即可查看二维码数字资源。手机第一次登录查看资源成功以后，再次使用二维码资源时，只需在微信端扫码即可登录进入查看。

图书在版编目(CIP)数据

物业智能化管理(第二版)/黄峥,陈援峰主编. —武汉:华中科技大学出版社,2013.2(2022.7重印)
ISBN 978-7-5609-6634-2

Ⅰ.①物…　Ⅱ.①黄…　②陈…　Ⅲ.①智能化建筑-物业管理-高等职业教育-教材
Ⅳ.①F293.33

中国版本图书馆 CIP 数据核字(2013)第 026914 号

| | |
|---|---|
| 物业智能化管理(第二版) | 黄　峥　陈援峰　主编 |

策划编辑：周小方
责任编辑：章　红
封面设计：刘　卉
责任校对：代晓莺
责任监印：周治超

出版发行：华中科技大学出版社(中国•武汉)　　电话：(027)81321913
　　　　　武汉市东湖新技术开发区华工科技园　　邮编：430223
录　　排：华中科技大学惠友文印中心
印　　刷：武汉科源印刷设计有限公司
开　　本：710mm×1000mm　1/16
印　　张：12.25　插页：1
字　　数：246 千字
版　　次：2022 年 7 月第 2 版第 6 次印刷
定　　价：38.00 元

本书若有印装质量问题，请向出版社营销中心调换
全国免费服务热线：400-6679-118　　竭诚为您服务
版权所有　侵权必究